Double assassinat ~~~~~~~~~~~~~~~ et La lettre volée

Texte adapté par **Chantal Delaplanche**
Illustrations de **Gianni De Conno**

Rédaction : Maréva Bernède, Sarah Négrel
Conception graphique et direction artistique : Nadia Maestri
Mise en page : Tiziana Pesce
Recherches iconographiques : Laura Lagomarsino

© 1999 Cideb Editrice, Gênes

Nouvelle édition
© 2007 Cideb Editrice, Gênes

Crédits photographiques :
© Bettmann / CORBIS : 37, 75 ; Library of Congress, Prints and
Photographs Division, Washington ; 69-73, 76.

Vous trouverez sur les sites www.cideb.it et www.blackcat-
cideb.com (espace étudiants et enseignants) les liens et adresses
Internet utiles pour compléter les dossiers et les projets abordés
dans le livre.

Pour toute suggestion ou information, la rédaction peut être
contactée à l'adresse suivante :

www.cideb.it

CISQ **CISQ CERT**
**TEXTBOOKS AND
TEACHING MATERIALS**
The quality of the publisher's
design, production and sales processes has
been certified to the standard of
UNI EN ISO 9001

ISBN 978-88-530-0759-9 livre + CD

Imprimé en Italie par Litoprint, Gênes

Sommaire

Le texte *Double assassinat dans la Rue Morgue* est intégralement enregistré.

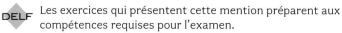 Ce symbole indique les exercices d'écoute et le numéro de la piste.

DELF   Les exercices qui présentent cette mention préparent aux compétences requises pour l'examen.

Edgar Allan Poe

Edgar Poe naît à Boston (États-Unis) en 1809. Ses parents, acteurs ambulants, meurent de tuberculose quand il n'a que trois ans. Adopté par un riche marchand de Richmond (Virginie), John Allan, Edgar s'attache très vite à sa mère.

En 1815, la famille part s'installer en Grande-Bretagne, et Edgar entre au collège. De retour en Virginie, il poursuit ses études dans une école privée où il est un élève brillant.

En 1826, il s'inscrit à l'université. Malgré d'excellents résultats, il doit renoncer à poursuivre ses études car son père adoptif, qui ne supporte pas son mode de vie de dandy, refuse de continuer à subvenir à ses besoins. À la même époque, Poe commence à jouer et à boire de façon excessive. L'année suivante, il s'installe à Boston où il publie son premier recueil de poèmes *Tamerlan et autres poèmes* (1827) qui passera totalement inaperçu. Très affecté par la mort de sa mère adoptive, il s'engage peu après dans l'armée fédérale mais il en est expulsé quelques mois plus tard.

En 1829, il publie le poème *Al Aaraaf*. Il s'installe chez la sœur de son vrai père et épouse Virginia Clemm, sa jeune cousine. Virginia est atteinte de tuberculose et elle mourra quelques années plus tard, victime d'une hémorragie à la gorge pendant une séance de chant. Poe en gardera l'obsession du sang.

Il devient directeur littéraire de la revue *Southern Literary Messenger*, mais sa carrière est constamment interrompue par ses crises d'alcoolisme. Il publie des nouvelles dont *Tales of the Grotesque and Arabesque* (1840).

Edgar Allan Poe est considéré comme le maître des contes d'enquête (*Le mystère de Marie Roget* et *Le joueur d'échecs de Maelzel*) et des contes de « ratiocination » (raisonnement vain et exagéré), comme il les appelait lui-même (*La lettre volée, Double assassinat dans la Rue Morgue* et *Le Scarabée d'or*). Ce sont eux qui le rendent célèbre, révèlent son goût pour la cryptographie et font de lui le précurseur du roman policier.

Le poème *Le corbeau*, paru dans le journal *The Evening Mirror* en 1845, lui apporte le succès financier. Ce poème est l'exemple parfait du lyrisme affectif et de la symbolisation mystique de l'auteur.

Poète, conteur et romancier, cet « écrivain maudit », partagé entre le bien et le mal, meurt à Baltimore en 1849, suite à une crise de *delirium tremens*.

Poe a inspiré le peintre Manet et le poète Mallarmé. Mais c'est grâce à Charles Baudelaire, qui consacra dix-sept ans de sa vie à lire, traduire et publier ses textes, que Poe devient célèbre en France.

Compréhension écrite

1 Lisez attentivement le dossier, puis dites si les affirmations suivantes sont vraies (V) ou fausses (F).

		V	F
1	Edgar Allan Poe naît et meurt aux États-Unis.	☐	☐
2	Une partie de son nom lui vient de son père adoptif.	☐	☐
3	Il est collégien en France.	☐	☐
4	Jeune, il mène une vie tranquille et raisonnable.	☐	☐
5	Il perd sa femme dans des conditions tragiques.	☐	☐
6	Son œuvre comprend des contes, des poèmes et des romans.	☐	☐
7	Avant lui, le roman policier existait déjà.	☐	☐
8	Les poètes Rimbaud et Verlaine se sont inspirés de lui.	☐	☐

Charles Baudelaire

Charles Baudelaire naît à Paris en 1821. Il n'a que six ans lorsque son père meurt. Sa mère se remarie avec un militaire, le général Aupick. Baudelaire déteste cet homme au caractère rigide et aux valeurs très différentes des siennes. Alors que ses parents souhaitent qu'il devienne ambassadeur, Baudelaire ne rêve que d'une chose : devenir poète. À Paris, il mène une vie de

dandy que ses parents jugent scandaleuse. Ils décident donc de l'envoyer aux Indes. Ce voyage va inspirer les premiers poèmes de Baudelaire. En 1847, il découvre Edgar Allan Poe, et voit en lui une sorte de frère spirituel. À partir de ce moment-là, il consacre une partie de son temps à traduire les textes de l'écrivain américain. Pour vivre, Baudelaire est journaliste et critique d'art. En 1857, il publie le recueil des *Fleurs du Mal*. Un procès en moralité est intenté contre lui et il est condamné pour « outrage à la morale publique et aux bonnes mœurs ». La seconde édition paraîtra quatre ans plus tard… avec six poèmes en moins !

Les Fleurs du Mal est la seule œuvre qu'il publie de son vivant, les autres ne le seront qu'à titre posthume.

Poète « écorché vif », fasciné par le mal, et en totale opposition avec la société qui l'entoure, Baudelaire ne sera jamais reconnu de son vivant.

Atteint de syphilis, rongé par l'abus d'alcool et de drogue, il meurt à Paris, en 1866.

Compréhension écrite

1 Lisez attentivement la biographie de Charles Baudelaire, puis répondez aux questions.

1 Pourquoi Baudelaire est-il en désaccord avec sa mère et son beau-père ?

2 Est-ce que sa rencontre intellectuelle avec Poe est importante ?

3 Pourquoi le recueil des *Fleurs du Mal* a-t-il été publié deux fois ?

4 Poe et Baudelaire se « ressemblent ». Pouvez-vous citer quelques similitudes entre les deux biographies ?

PROJET **INTERNET**

Charles Baudelaire

Rendez-vous sur le site www.blackcat-cideb.com. Cliquez ensuite sur l'onglet *Students*, puis sur la catégorie *Lire et s'entraîner*. Choisissez enfin votre niveau et le titre du livre pour accéder aux liens du projet Internet.

▶ Dans la rubrique « Bibliographie de Baudelaire ».
  • Faites la liste des œuvres de Poe traduites par Baudelaire.
  • Quand sont parues les deux éditions des *Fleurs du Mal* ?

▶ Dans la rubrique « Présentation du recueil ».
  • Qu'est-ce que le spleen pour Baudelaire ?
  • À quel courant littéraire appartient Baudelaire ?
  • Que reproche Rimbaud au poète ?
  • De quel courant littéraire Baudelaire est-il le précurseur ?

▶ Dans la rubrique « *Les Fleurs du Mal* ».
  • À qui Baudelaire dédie-t- il ce recueil de poèmes ?
  • Quels sont les titres des différentes parties qui composent *Les Fleurs du Mal* ?
  • Cliquez sur le poème *Musique* et relevez les mots qui se rapportent à la mer.
  • À votre avis, Baudelaire aime-t-il la musique ? Justifiez votre réponse.
  • Cliquez sur les poèmes *La destruction* et *Le voyage*, puis dites quels sont les thèmes développés.

Les Fleurs du Mal : index général

Les Fleurs du Mal

Sommaire

Généralités
Page de garde
Introduction
Bibliographie de Baudelaire
Biographie de Baudelaire
Présentation du recueil

Les Fleurs du Mal
Dédicace
Au lecteur

Spleen et Idéal
I. Bénédiction
II. L'albatros
III. Élévation
IV. Correspondances
V. J'aime le souvenir...
VI. Les Phares
VII. La muse malade
VIII. La muse vénale
IX. Le mauvais moine
X. L'ennemi
XI. Le guignon
XII. La vie antérieure
XIII. Bohémiens en voyage
XIV. L'homme et la Mer
XV. Don Juan aux Enfers
XVI. Châtiment de l'Orgueil
XVII. La Beauté
XVIII. L'Idéal
XIX. La Géante
XX. Le Masque
XXI. Hymne à la Beauté

Bibliographie de Baudelaire
1845 *Salon de 1845*
1846 *Salon de 1846* (Delacroix, Vernet)
1847 *La Fanfarlo*, nouvelle
     Traduction du *Chat noir*, d'Edgar Poe
1851 *Du vin et du haschich Fusées*
1854 Traduction des *Contes extraordinaires*, de Poe
1855 Exposition universelle (Ingres, Delacroix)
     Publication de dix-huit poèmes des futurs*Fleurs du Mal*
1856 Traduction des *Histoires extraordinaires*, de Poe
1857 *Les Fleurs du Mal*
1858 *Poème du haschisch*
1859 *Salon de 1859* (Boudin, Millet, Corot, Manet)
1860 *Les Paradis artificiels*
1862 Deuxième édition enrichie des*Fleurs du Mal*
     Réflexions sur quelques-uns de mes contemporains
     Richard Wagner et Tannhäuser à Paris
     Le Spleen de Paris
1863 *Le Peintre de la vie moderne*
     L'œuvre et la vie d'Eugène Delacroix
1864 Dernières traductions des œuvres de Poe
     Mon cœur mis à nu

Double assassinat dans la Rue Morgue

CHAPITRE 1 Un assassinat extraordinaire

Ce fut pendant le printemps 18..., alors que je séjournais à Paris, que je connus Auguste Dupin. Il provenait d'une famille illustre mais, à la suite de revers de fortune, il n'était plus riche et vivait de façon très simple, sans luxe, parmi les livres qui étaient l'unique chose qui l'intéressait.

Ce fut dans une obscure librairie, rue Montmartre, alors que chacun de nous était à la recherche du même livre, un ouvrage rare et important, que nous nous rencontrâmes. J'écoutai, fort intéressé, l'histoire de sa famille. Je fus étonné par l'étendue de ses lectures et enthousiasmé par sa fervente imagination.

Je lui avouai combien sa compagnie me serait précieuse pendant mon séjour à Paris et c'est ainsi que nous décidâmes de partager le même appartement, dans un vieil immeuble grotesque du quartier Saint-Germain, sur lequel couraient des histoires bizarres que nous ne prîmes pas en considération.

Nous n'avions donné notre adresse à personne, notre isolement était parfait et je commençais à partager avec Dupin son goût et son enthousiasme pour la nuit. Dès que l'aube pointait, nous fermions les lourds volets, allumions deux chandelles et continuions à converser ou à lire pendant des

Double assassinat dans la Rue Morgue

heures jusqu'à ce que vienne la vraie nuit. Alors, Dupin et moi sortions, nous parcourions les rues de la ville populeuse, en observant les choses et en stimulant notre imagination. C'est au cours d'une de ces promenades que je découvris l'incroyable habileté analytique d'Auguste Dupin. Il me déclara alors qu'il était capable de voir directement dans le cœur et dans l'esprit des autres, ce que je ne crus tout d'abord pas, mais je devais changer d'avis. Un jour où je lisais la *Gazette des Tribunaux*, mon attention fut attirée par le titre suivant :

MEURTRES INCROYABLES

Ce matin, vers trois heures, les habitants du quartier Saint-Roch ont été réveillés par des cris terrifiants qui semblaient venir du quatrième étage d'une maison de la rue Morgue. La maison était habitée par une certaine madame L'Espanaye et sa fille Camille. Après un temps assez long, des voisins et un gendarme ont réussi à ouvrir, avec un pied-de-biche [1], la lourde porte. Pendant tout ce temps, les cris avaient cessé mais tandis que le groupe gravissait [2] la première rampe,

---

1. **Un pied-de-biche** : outil qui sert à arracher les clous.
2. **Gravir** : monter.

on pouvait distinguer, provenant de la partie supérieure de la maison, deux ou plusieurs voix de personnes qui se disputaient violemment.

Arrivés au deuxième étage, les témoins n'entendirent plus rien. Parvenus enfin au quatrième, les voisins et le gendarme se précipitèrent dans toutes les pièces. Une chambre sur l'arrière de la maison était fermée de l'intérieur, la clé dans la serrure. La porte forcée, le spectacle qui s'offrit était horrible.

Le désordre était indescriptible, les meubles brisés et le matelas du lit jeté au milieu de la pièce. Sur une chaise, il y avait un rasoir couvert de sang. Dans la cheminée, deux ou trois mèches de cheveux gris, pleines de sang, semblaient avoir été arrachées. On a retrouvé sur le sol des napoléons [1], une boucle d'oreille en topaze, trois cuillers en argent et deux sacs contenant quatre mille francs en or. Les tiroirs du bureau avaient été renversés. Par terre, sous le matelas, on trouva un petit coffre en fer qui contenait de vieilles lettres sans intérêt.

Aucune trace de madame L'Espanaye, mais la présence d'une quantité considérable de suie [2] dans le foyer de la cheminée attira l'attention. Horreur ! On a trouvé dans le conduit de la cheminée le cadavre de Camille L'Espanaye, la tête en bas. La jeune fille a d'abord été étranglée.

Après avoir cherché en vain madame L'Espanaye, le gendarme s'est rendu dans la cour derrière la maison et y a trouvé le corps de la vieille dame, le cou complètement tranché. Le mystère qui entoure ce double crime reste, pour le moment, complet.

---

1. **Un napoléon** : monnaie d'or où figure le portrait de Napoléon III.
2. **La suie** : matière noire qui se dépose dans les conduits des cheminées.

Compréhension écrite et orale

DELF **1** Écoutez attentivement l'enregistrement du chapitre, puis cochez la bonne réponse.

1 L'histoire se déroule à

a ☐ Londres. b ☐ Boston. c ☐ Paris.

2 Le narrateur rencontre Auguste Dupin

a ☐ boulevard Montmartre.

b ☐ rue Montmartre.

c ☐ rue du Faubourg.

3 Ils se trouvent

a ☐ dans une librairie.

b ☐ dans une bibliothèque.

c ☐ chez un antiquaire.

4 Les deux hommes sont à la recherche d'un

a ☐ meuble ancien. b ☐ timbre rare. c ☐ livre rare.

5 Ils aiment se promener

a ☐ l'après-midi. b ☐ le soir. c ☐ la nuit.

6 Auguste Dupin possède un grand don

a ☐ d'observation.

b ☐ de divination.

c ☐ d'introspection.

7 Le double assassinat a lieu

a ☐ la nuit. b ☐ l'après-midi. c ☐ le soir.

8 Les habitants du quartier Saint-Roch ont

a ☐ aperçu les coupables.

b ☐ entendu des cris.

c ☐ dormi profondément.

DELF ❷ **Lisez l'article de la** *Gazette des Tribunaux*, **dites si les affirmations suivantes sont vraies (V) ou fausses (F), puis corrigez celles qui sont fausses.**

		V	F
1	Les habitants du quartier Saint-Roch ont été réveillés en pleine nuit.	☐	☐
	....		
2	La maison était habitée par quatre personnes.	☐	☐
	....		
3	Les voisins et le gendarme ont ouvert la porte sans aucune difficulté.	☐	☐
	....		
4	Ils ont entendu des personnes se disputer à l'intérieur de la maison.	☐	☐
	....		
5	La maison est en ordre.	☐	☐
	....		
6	Le cadavre de madame L'Espanaye se trouve dans la cheminée.	☐	☐
	....		
7	Camille a été étranglée.	☐	☐
	....		
8	Les enquêteurs ont déjà une piste.	☐	☐
	....		

Enrichissez votre **vocabulaire**

❶ **Trouvez le sens des phrases suivantes.**

1 Il a subi un revers de fortune.
   a ☐ Il a été très malchanceux.
   b ☐ Il est devenu riche.
   c ☐ Il a eu beaucoup de chance.

2 Il écouta, fort intéressé, l'histoire de sa famille.

a ☐ Il est très intéressé par l'histoire de sa famille.

b ☐ Il n'est pas intéressé par l'histoire de sa famille.

c ☐ Il est indifférent à l'histoire de sa famille.

3 Je fus étonné par l'étendue de ses lectures.

a ☐ Il a lu des livres d'auteurs étrangers.

b ☐ Il a lu beaucoup de livres, sur des sujets très différents.

c ☐ Il a lu des gros livres.

2 Retrouvez dans le chapitre le mot mystérieux correspondant à ces cinq définitions.

1 C'est une famille.

2 Tous les théâtres en ont un.

3 C'est une source d'infection.

4 Les lunettes peuvent l'avoir double.

5 On y fait du feu.

C'est un _ _ _ _ _ .

Production écrite et orale

1 Faites le portrait d'Auguste Dupin en choisissant parmi les mots proposés.

> raffiné   riche   cultivé   vulgaire   avare   spontané
> mystérieux   ouvert   passionné   disponible   infatigable
> réservé   dépensier   aigri   heureux   curieux

DELF **2** Inventez le dialogue de la rencontre entre les deux jeunes gens. Jouez ensuite le dialogue.

DELF **3** Imaginez que l'histoire se déroule de nos jours. Les enquêteurs font appel à la police scientifique. Quels sont les éléments dont s'occuperait la police scientifique et ceux dont s'occuperaient les enquêteurs ?

CHAPITRE 2 Les témoins

Le jour suivant, le journal reportait les déclarations de témoins
dans l'article que voici :

La tuerie[1] de la rue Morgue

Pauline Dubourg, blanchisseuse [2], a déclaré qu'elle connaissait les deux victimes depuis trois ans, depuis qu'elle lavait leur linge [3]. Les deux femmes semblaient bien s'entendre. Elles payaient bien, mais Pauline Dubourg était incapable de dire de quoi les victimes vivaient. Le bruit courait [4] que madame L'Espanaye lisait l'avenir pour joindre les deux bouts. Certaines pièces de la maison étaient sans meubles, elle l'avait constaté en allant rapporter le linge et elle n'avait jamais rencontré personne, à part les deux femmes, dans la maison. Elles n'avaient pas de domestiques.

1. **Une tuerie** : un massacre.
2. **Une blanchisseuse** : personne qui lave et repasse les vêtements.
3. **Le linge** : tissu, vêtements.
4. **Le bruit court que** : on raconte que.

Double assassinat dans la Rue Morgue

Pierre Moreau, marchand de tabac, a déclaré qu'il vendait de petites quantités de tabac à priser à la vieille dame. Il habitait dans le quartier depuis toujours et les victimes s'y étaient installées six ans plus tôt. Auparavant, la maison était habitée par un bijoutier qui sous-louait les pièces supérieures. Les deux femmes vivaient très retirées et il n'avait vu franchir la grosse porte que par un garçon de courses [1], deux fois, et le docteur, une dizaine de fois.

Isidore Muset, gendarme, a déclaré qu'on l'avait appelé vers trois heures du matin et qu'il avait trouvé devant la porte une vingtaine de personnes environ qui essayaient d'entrer. Finalement on avait réussi à forcer la porte, non pas avec un pied-de-biche comme on avait dit, mais avec une baïonnette. Pendant tout ce temps, les cris avaient continué, puis cessé brusquement. Il s'agissait des cris d'une ou plusieurs personnes, des cris terrifiés et prolongés. Arrivé sur le palier du premier étage avant tout le monde, il a entendu deux voix aiguës qui discutaient. Une voix était aigre et l'autre, beaucoup plus stridente, était une voix étrange. La voix aigre n'était pas celle d'une femme. Il a entendu prononcer les mots « sacré » et « diable ». La deuxième voix était celle d'un étranger, un Espagnol peut-être.

---

1. **Un garçon de course** : personne chargée de porter les paquets et les lettres.

Henri Duval, un voisin, confirme le témoignage du gendarme, mais selon lui la voix stridente était celle d'un Italien. Il l'a compris par l'intonation. Cela pouvait être la voix d'une femme mais ce n'était cependant pas la voix d'une des victimes car il avait quelquefois conversé avec elles et il connaissait leur voix.

Odenheimer, restaurateur hollandais qui passait dans la rue au moment du drame.

Interrogé par l'intermédiaire d'un interprète, il a confirmé les dires des autres témoins mais n'est pas d'accord sur la deuxième voix. À son avis, il s'agissait de la voix d'un homme, un Français. Il n'a pu distinguer les mots qui étaient aigus, rapides et inégaux. La voix était rauque et non pas stridente. La première voix a dit les mots « sacré », « diable » et « mon Dieu ».

Jules Mignaud, propriétaire de la société bancaire « Mignaud et Fils », a déclaré que madame L'Espanaye avait des biens. Elle avait ouvert un compte dans sa banque huit ans auparavant sur lequel elle déposait souvent de petites sommes mais d'où elle n'avait jamais retiré d'argent sauf trois jours avant sa mort. Elle avait ainsi retiré 4 000 francs en or qu'un employé avait apportés chez elle.

Double assassinat dans la Rue Morgue

Adolphe Le Bon, employé chez « Mignaud et Fils », a déclaré que le jour en question, vers midi, il a accompagné madame L'Espanaye chez elle avec les deux sacs contenant l'argent. Mademoiselle L'Espanaye a ouvert la porte et pris un des sacs tandis qu'il saluait et s'en allait. La rue, isolée, était déserte à ce moment-là.

William Bird, tailleur, Anglais, vit à Paris depuis deux ans. Il a été un des premiers à entrer dans la maison et à monter l'escalier. Il a entendu les deux voix. La voix aigre était celle d'un Français. Il a entendu distinctement les mots « sacré » et « mon Dieu ». On aurait dit que plusieurs personnes étaient en train de lutter. La voix stridente n'appartenait pas à un Anglais. Un Allemand peut-être et peut-être même une femme.

Il ne comprend pas l'allemand.

Au cours d'un autre interrogatoire, quatre de ces témoins ont déclaré que la porte de la pièce où a été retrouvé le corps de Camille L'Espanaye était fermée à clé de l'intérieur. On n'entendait plus rien et quand on a forcé la porte, il n'y avait personne d'autre dans la pièce. La fenêtre de la pièce qui donne sur la façade, comme celle qui donne sur l'arrière de la maison, étaient bloquées de l'intérieur.

La porte entre les deux pièces était fermée mais pas à clé. La porte entre la pièce qui donne sur la façade et le couloir était fermée de l'intérieur. La porte d'une petite pièce qui donne sur la façade était entrouverte. Cette pièce réduite était pleine de vieux lits et de boîtes. Tout a été rigoureusement examiné. Certains témoins ont déclaré que trois minutes se sont écoulées entre le moment où ils ont entendu les bruits de la dispute et le moment où la porte a été enfoncée, d'autres prétendent cinq.

Alonzo Carcio, employé des pompes funèbres, né en Espagne, habite dans la rue Morgue. Entré parmi les premiers, il n'est pas cependant monté avec les autres, car il avait trop peur. Il a déclaré par ailleurs que la première voix était celle d'un Français et la deuxième celle d'un Anglais, il en est sûr, il a reconnu l'intonation bien qu'il ne sache pas l'anglais.

Alberto Montani, boulanger italien entré avec les premiers témoins, a assuré que la voix aigre était celle d'un Français et qu'on aurait dit qu'elle faisait des reproches ou bien qu'elle suppliait. Il n'a pas compris ce que disait la voix stridente qui parlait vite et par saccades [1] mais à son avis c'était du russe bien que, lui, n'ait jamais parlé avec un Russe.

Au cours d'un troisième interrogatoire, on a appris que des brosses de ramoneurs [2] avaient été enfilées dans les conduits étroits des différentes cheminées et qu'on s'était rendu compte qu'aucun individu ne pouvait y passer. D'ailleurs, le corps de

1. **Par saccades** : de façon brusque et irrégulière.
2. **Un ramoneur** : personne qui nettoie les conduits des cheminées.

Double assassinat dans la Rue Morgue

Camille L'Espanaye était tellement encastré qu'on avait dû se mettre à cinq [1] pour le sortir du conduit.

> Le docteur *Paul Dumas* a déclaré qu'il avait été appelé vers l'aube pour examiner les corps. On les avait allongés sur le sommier métallique.
>
> Le corps de la jeune fille était couvert d'ecchymoses et d'excoriations, le cou était marqué par des griffes profondes. Camille avait été étranglée.
>
> Tout le corps de la mère était horriblement mutilé et il était impossible de dire avec quoi les blessures avaient été provoquées, à part le cou, tranché probablement par un rasoir. N'importe quel objet lourd, manié par un homme très fort, aurait pu provoquer de telles blessures, alors qu'une femme n'y serait jamais parvenue.
>
> Le docteur *Alexandre Étienne*, chirurgien, appelé comme le docteur Dumas, avait confirmé les déclarations de son collègue.

Le journal parlait encore de l'inquiétude des habitants du quartier Saint-Roch. Ce double assassinat restait le cas le plus étrange jamais vu à Paris. Les nouvelles perquisitions n'avaient rien donné.

---

1. **Se mettre à cinq** : unir les forces de cinq personnes.

Compréhension écrite et orale

1 Écoutez attentivement l'enregistrement, puis complétez le texte. Relisez ensuite le chapitre et corrigez les erreurs.

.... Dubourg, ..., a déclaré qu'elle connaissait les victimes depuis ...., depuis qu'elle lavait leur linge. Les deux femmes s'entendaient bien. Elles payaient bien mais Pauline .... ne savait pas de quoi les victimes vivaient. Le bruit courait que .... L'Espanaye disait .... pour joindre les deux bouts. Les deux femmes ne sortaient presque jamais et n'avaient même pas de ....

2 Certains témoins ont entendu deux voix qui provenaient de l'appartement. Lisez attentivement leurs déclarations, puis complétez le tableau comme dans l'exemple.

Nom	Nationalité du témoin	Caractéristiques de la première voix	Caractéristiques de la deuxième voix
Isidore Muset	Française.	Aigre, aiguë, n'appartient pas à une femme.	Aiguë, stridente, étrange, d'un Espagnol.
Henri Duval			
Odenheimer			
William Bird			
Alonzo Carcio			
Alberto Montani			

3 Les autres témoins n'ont rien entendu, mais leurs déclarations donnent des indications sur les victimes. Lisez attentivement leurs témoignages, puis complétez le tableau.

Nom du témoin	Profession	Lien avec les victimes	Indices importants sur les victimes
Pauline Dubourg	*Blanchisseuse.*	*Elle lavait leur linge.*	*Les deux femmes s'entendaient bien, elles n'étaient pas riches.*
Pierre Moreau			
Jules Mignaud			
Adolphe Le Bon			
Paul Dumas			

Enrichissez votre **vocabulaire**

1 Retrouvez la racine des noms de métiers proposés, puis dites en quoi ils consistent.

Manucure : *main. Personne qui prend soin des mains et des ongles.*

Bijoutier : ....

Fleuriste : ....

Éboueur : ....

Pâtissier : ....

Teinturier : ....

Dentiste : ....

Pédicure : ....

Jardinier : ....

Disquaire : ....

Écrivain : ....

2 **Retrouvez le sens des expressions suivantes.**

1   Joindre les deux bouts.

   a ☐ Faire un nœud.

   b ☐ Attacher quelque chose avec une corde.

   c ☐ Équilibrer son budget pour ne pas manquer d'argent à la fin du mois.

2   Être au bout du rouleau.

   a ☐ Avoir fini le fil à coudre.

   b ☐ Ne plus avoir d'énergie.

   c ☐ Être arrivé chez soi.

3   Mettre les bouts.

   a ☐ S'enfuir.

   b ☐ Faire un puzzle.

   c ☐ Rassembler ses idées.

4   Brûler la chandelle par les deux bouts.

   a ☐ Être généreux.

   b ☐ Allumer deux bougies pour un gâteau d'anniversaire.

   c ☐ Compromettre sa santé et ses ressources financières par des excès.

5   Faire des économies de bouts de chandelles.

   a ☐ Être économe.

   b ☐ Faire des économies insignifiantes.

   c ☐ Être patient.

6   Avoir un mot sur le bout de la langue.

   a ☐ Ne pas finir ses phrases.

   b ☐ Connaître un mot mais ne pas réussir à s'en souvenir.

   c ☐ Être très bavard.

Grammaire

Le discours indirect

Le discours indirect est utilisé pour rapporter les propos de quelqu'un. Pour passer du discours direct au discours indirect, il faut d'abord enlever les deux points et les guillemets, puis faire quelques modifications :

Pauline déclare : « Je connais les victimes depuis trois ans. »
Pauline déclare qu'elle connaît les victimes depuis trois ans.

* des temps (si le verbe de la principale est au passé)

Discours direct	Discours indirect
présent de l'indicatif / imparfait	imparfait de l'indicatif
passé composé / passé simple	plus-que-parfait
futur	conditionnel

* des pronoms et des adjectifs possessifs

Il a affirmé : « J'ai vu ta danseuse préférée. »
Il a affirmé qu'il avait vu ma danseuse préférée.

* des mots introduisant la subordonnée.
  — phrase déclarative → **que**

  Il a raconté qu'il était dans le bureau des directeurs.

  — phrase interrogative → **si**

  Il m'a demandé si je voulais venir. (Il n'y a plus d'inversion sujet-verbe.)

  — pronoms interrogatifs → aucun changement

1 **Transformez les phrases au discours indirect.**

1 Le gendarme a dit : « On m'a appelé en pleine nuit. »

  ....

2 Henri Duval a déclaré : « La voix est celle d'un Italien. »

  ....

3 Le gendarme demande : « Madame L'Espanaye avait-elle des biens ? »

....

4 Le docteur Dumas a déclaré : « Je demanderai confirmation à mon collègue. »

....

5 Il dit : « Je suis innocent dans cette affaire. »

....

6 Ils ont déclaré : « Les deux femmes vivaient seules. »

....

7 Nous lui avons demandé : « Où étiez-vous la nuit dernière ? »

....

8 Dès qu'il voyait madame L'Espanaye, il lui demandait : « Avez-vous besoin d'aide ? »

....

Production écrite et orale

1 En vous basant sur les points communs de toutes les déclarations, aidez la police à rédiger un communiqué de presse.

CHAPITRE 3 Sur la scène du crime

C'est encore dans le journal que nous apprîmes qu'Adolphe Le
Bon avait été arrêté et mis en prison bien qu'aucun élément
nouveau ne soit intervenu.

— La police parisienne est habile mais rien de plus, déclara
Dupin. Elle travaille sans méthode à part la méthode que le
moment exige. Les résultats qu'elle obtient ne sont souvent que
le fruit de la diligence et du travail acharné. Si ces deux éléments
manquent, sa stratégie s'écroule. C'est ainsi que Vidocq [1], homme
doté d'une grande persévérance et d'intuition, mais sans pensée
raffinée, se trompait aussi à cause de l'intensité excessive de ses
enquêtes. Sa vision était précisément affaiblie parce qu'il gardait
l'objet de son enquête trop près. Il observait un ou deux détails
mais passait à côté de la vue d'ensemble. C'est ainsi que les
choses finissent par devenir trop profondes mais la vérité n'est
pas toujours au fond d'un puits. Je pense même au contraire que
la vérité se trouve à la surface des choses.

Il serait bon, continua mon ami, que nous puissions observer

1. **Vidocq** (1775-1857) : ancien forçat devenu policier.

nous-mêmes ces deux crimes. Le Bon m'a rendu un jour un grand service dont je lui suis toujours reconnaissant. Nous nous rendrons sur les lieux du crime. Je connais le préfet de police, il nous fera obtenir sans problème un laissez-passer.

C'est ainsi que nous nous rendîmes rue Morgue, en fin d'après-midi. La maison était semblable à beaucoup d'autres maisons parisiennes : une lourde porte avec sur le côté une loge de concierge. Avant d'entrer, Dupin voulut se rendre à l'arrière de la maison. Il examina tout, autour de lui, puis nous revînmes devant la maison. Au quatrième étage, nous trouvâmes — macabre surprise — les deux corps encore dans la pièce où fut découverte Camille L'Espanaye. La pièce était dans le désordre décrit dans la *Gazette des Tribunaux*. Dupin scruta tout, passa dans les autres pièces, accompagné par un gendarme.

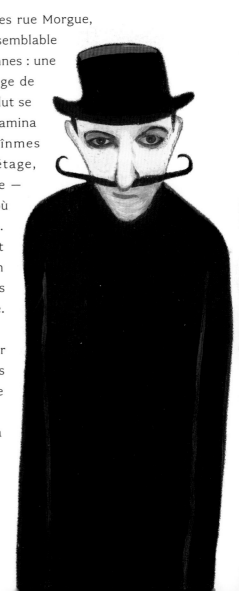

Dupin attendit le lendemain pour me demander brutalement si j'avais remarqué quelque chose de particulier sur le lieu du crime.

— Rien de plus que ce qu'a rapporté la *Gazette*, répondis-je.

— La *Gazette* ! Mais la *Gazette* ne sait rien ! La police est déconcertée

Double assassinat dans la Rue Morgue

par le manque apparent de mobile et par l'atrocité du crime. En plus elle ne réussit pas à concilier la présence des voix pendant la dispute et le fait que personne ne se trouvait dans la pièce à part la victime et qu'il était impossible d'en sortir sans se faire remarquer. Le désordre sauvage, le cadavre dans le conduit de cheminée, le corps mutilé de la vieille dame, ont amené les policiers à confondre le caractère insolite avec le caractère obscur. Il ne faut pas se demander ce qui est arrivé mais ce qui est arrivé qui n'est pas arrivé avant !

Je regardai Dupin, muet d'étonnement.

— J'attends une personne, continua Dupin, qui n'est pas, je pense, directement responsable de cette tuerie mais qui y est impliquée quand même. J'attends cette personne car je suis sûr qu'elle viendra.

Nous savons que tous les témoins entendirent deux voix qui se disputaient et que ces voix n'étaient pas celles des victimes. Une des deux voix pourrait être celle de l'assassin. Passons en revue les témoignages. N'avez-vous rien remarqué ?

Bon, tous les témoins ont déclaré que la voix aigre était celle d'un Français. Quant à la deuxième voix, tous les avis sont différents. La chose étrange n'est pas dans le fait qu'ils ne sont pas d'accord. La chose étrange est que chacun d'entre eux, c'est-à-dire un Anglais, un Espagnol, un Italien, un Hollandais et deux Français, déclare que la deuxième voix est celle d'un étranger. Chacun est sûr que ce n'est pas la voix d'un compatriote [1] et qu'ils ne connaissent pas la langue parlée par cette deuxième voix.

---

1. **Un compatriote** : personne du même pays.

Double assassinat dans la Rue Morgue

Le Français déclara que c'était la voix d'un Espagnol, mais il ne connaissait pas l'espagnol. Le Hollandais ne parle pas le français, mais il est sûr que c'est un Français qui parlait. L'Anglais est persuadé que c'est un Allemand, et pourtant il ne connaît pas la langue allemande. L'Italien pense que c'est un Russe, cependant il n'a jamais eu l'occasion de parler avec un Russe !

Dupin poursuivit :

— Tous ces témoignages divergents nous font conclure qu'il s'agissait d'une voix très étrange. N'oublions pas non plus qu'un des témoins a déclaré que la deuxième voix était rauque et non pas stridente, contrairement aux autres ! Deux autres encore ont dit que la voix avait un rythme rapide et inégal. Aucun des témoins n'est en mesure de distinguer un seul mot prononcé par la deuxième voix.

Nous pouvons faire des déductions légitimes sur les deux voix et donner un tournant à cette enquête.

Compréhension écrite et orale

DELF ❶ **Lisez attentivement le chapitre, puis répondez aux questions.**

1   Quelles sont les qualités de la police en général ?

   ....

2   Quelles sont les qualités du policier Vidocq en particulier ?

   ....

3   Comment Dupin apprend-il que Le Bon a été arrêté ?

   ....

4   Pourquoi Dupin tient-il à aider la police ?

   ....

5   Pourquoi Dupin réussit-il à se rendre sur les lieux du crime ?

   ....

6   Selon Dupin, quels sont les éléments qui déconcertent la police ?

   ....

7   Qui Dupin attend-il ?

   ....

8   Pourquoi Dupin donne-t-il autant d'importance à la deuxième voix ?

   ....

Grammaire

Les mots composés

Les mots composés sont formés de deux ou plusieurs mots reliés ou non par un ou plusieurs trait(s) d'union.

*Quel curieux **bonhomme**, ce Dupin !*

*Nous irons rue Morgue en fin d'**après-midi**.*

Ils peuvent être formés de :

- un nom + un nom : *Un **pied-de-biche**.*
- un adjectif + un adjectif : *Un **sourd-muet**.*

- un adjectif + un nom : *Son **beau-frère**.*
- une préposition + un nom : *Un **sans-culotte**.*
- un verbe + un nom : *Un **casse-tête** pour la police.*
- un verbe + un verbe : *Dupin a un **laissez-passer**.*
- un verbe + un adverbe : *Le **passe-partout** de l'inspecteur.*

Attention ! Seuls les noms et les adjectifs peuvent prendre la marque du pluriel. Mais il faut aussi tenir compte du sens — et du bon sens ! — de chaque élément dans le mot composé.

Un passe-partout	*Des passe-partout* (verbe + adverbe = invariable)
Un aide-mémoire	*Des aide-mémoire* (verbe + nom = invariable : *qui aide la mémoire*)
Un sourd-muet	*Des sourds-muets* (adjectif + adjectif = *des sourds qui sont muets*)

❶ **Formez des mots composés à partir des éléments proposés. Tenez compte de la majuscule et des tirets.**

Exemple : *Un gentilhomme*

Prépositions ou adverbes	Adjectifs	Noms
Après-	Bon	bouchon
Arrière-	fort	Coffre-
Avant-	Gentil	dame
Sans-	Grand-	homme
	Ma	homme
		midi
		monnaie
		papiers
		plan
		père
		port
		propos

Verbes
Passe
Tire-
Porte-

2 Mettez les mots composés de l'exercice précédent au pluriel. Attention aux accords !

Singulier	Pluriel
Gentilhomme	Gentilshommes

Enrichissez votre **vocabulaire**

1 Voici la recette d'un bon polar. Trouvez les ingrédients nécessaires à sa réalisation grâce aux définitions.

LE BON POLAR

Ingrédients

1   M _ _ _ _ E
2   _ _ _ _ T _ I _ _
3   _ R _ _ _
4   _ _ _ P _ _ _ _ _ R
5   _ _ _ _ _ _ U
6   _ _ _ _ I
7   _ _ _ A _ _ _
8   S _ _ _ _   T _ M _ _ _
9   _ U _ _ _ _ E

Préparation

Avoir en réserve une **raison** (1) de bonne taille et choisir un **criminel** (2) de premier choix. Choisir un **meurtre** (3) savoureux. Incorporer une crème d'**enquêteur** (4) avec une **arme blanche** (5). Peser un **emploi du temps** (6) parfait avant d'y ajouter le **corps de la victime** (7) cuit à point. Arroser avec **quelque chose qui remplace le sang** (8). Ne pas oublier d'ajouter une pincée de **peur et d'attente** (9).

2 L'argot (langage parlé par une catégorie de personnes) des bandits est souvent utilisé dans les romans et les films policiers, les « polars ». Associez chaque mot d'argot à son équivalent en français courant.

1	☐ Le flair	a	Se faire arrêter
2	☐ Un flic	b	La prison
3	☐ La taule	c	Une cachette
4	☐ Se mettre à table	d	Se faire tuer
5	☐ Un flingue	e	L'intuition
6	☐ Se faire pincer	f	Un policier
7	☐ Se faire descendre	g	Avouer
8	☐ Une planque	h	Un revolver

3 Entourez les mots qui caractérisent un bon détective.

> intuition   logique   méthode   acharnement   imagination
> sens de l'observation   bon sens   impatience   réflexes   réflexion
> intransigeance   partialité   flegme   rigueur   honnêteté

Production écrite et orale

1 Utilisez ces mots d'argot pour raconter une brève scène de faits divers dans le milieu [1] parisien.

DELF **2** Selon vous qui est le mystérieux personnage que Dupin attend ?

DELF **3** Le Bon est employé chez « Mignaud et Fils ». Selon vous, quel est le service qu'il a rendu à Dupin ?

1.   **Le milieu** : groupe social formé de gangsters.

Le psychiatre
Cesare Lombroso.

La criminologie :
une nouvelle science
du XIXe siècle

L'anthropologie criminelle est l'étude des caractères anatomiques et
biologiques des délinquants et des criminels. Cette science naît en
Italie au XIXe siècle. Le chef de file de cette science nouvelle est le
psychiatre Cesare Lombroso. Les anthropologues et les
criminologues du XIXe siècle pensent que les mauvais penchants des
individus sont visibles grâce à la forme de leur crâne.

Le professeur Lombroso s'intéresse tout particulièrement aux causes physiologiques et psychologiques de la criminalité. À partir de plusieurs traits de caractère observés chez différents criminels, il conclut que certaines caractéristiques sont typiques des assassins !

Leur portrait physique :

- asymétrie du crâne et du visage ;
- longueur excessive du visage ;
- front fuyant ;
- pommettes [1] développées ;
- anomalie des oreilles ;
- mâchoires proéminentes ;
- inégalité des yeux ;
- nez camus [2] ou tordu ;
- yeux et cheveux foncés ;
- manque de barbe mais sourcils touffus ;
- contractions nerveuses du visage ;
- silhouette longiligne avec des membres supérieurs démesurés.

D'autres criminologues pensent même que les criminels ont rarement les cheveux blancs ou bien qu'ils sont rarement chauves !

Tout le monde est cependant d'accord sur le fait qu'ils ont la partie occipitale (c'est-à-dire la zone de la sensibilité impulsive) plus développée que la région frontale (c'est-à-dire la région de l'activité intellectuelle et de la pondération).

---

1. **Une pommette** : partie saillante de la joue qui se trouve sous l'œil.
2. **Un nez camus** : court et aplati.

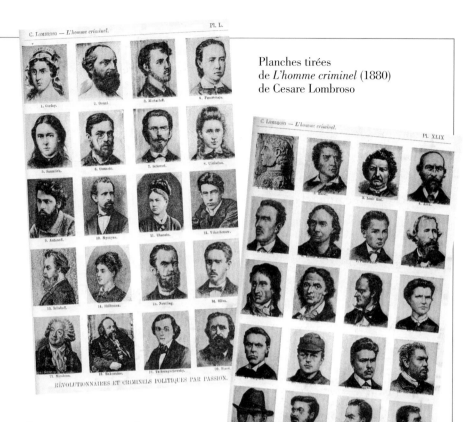

Planches tirées
de *L'homme criminel* (1880)
de Cesare Lombroso

RÉVOLUTIONNAIRES ET CRIMINELS POLITIQUES PAR PASSION.

RÉVOLUTIONNAIRES ET CRIMINELS POLITIQUES. — MATTOÏDES ET FOUS MORAUX.

Leur portrait moral :

Les criminels sont intelligents, vaniteux, imprudents et instables. Ils aiment le vin, le feu et la fête.

Ils ont un goût exagéré pour la moquerie, les plaisanteries et ils aiment mentir.

Insensibles aux sentiments des autres et même à ceux de leur famille, ils sont incapables d'avoir des remords. Ils sont exagérément méthodiques et conformistes.

Impulsifs, ils éprouvent le besoin d'assouvir tout de suite un désir, sans penser aux conséquences.

On a également parlé de transmission directe du crime par hérédité génétique. Déjà dans l'Antiquité, on parlait de familles entières déclarées impures et proscrites. La Bible parle de malédiction « jusqu'à la cinquième génération » comme si un caractère criminel pouvait « traverser et couvrir » cinq générations.

La science, à cette époque, déclare par ailleurs qu'un caractère très marqué, dans le bien comme dans le mal, ne persiste pas au-delà de la cinquième génération.

Compréhension écrite

1 **Lisez attentivement le dossier, puis répondez aux questions.**

1 Qu'est-ce que l'anthropologie criminelle ?

....

2 Quand cette science est-elle née ?

....

3 À quoi reconnaît-on un criminel ?

....

4 Qu'est-ce que la région occipitale ?

....

5 Les criminels sont-ils plutôt impulsifs ou plutôt réfléchis ?

....

6 Les criminels donnent-ils de l'importance aux sentiments des autres ?

....

7 Selon la Bible, la criminalité est-elle héréditaire ?

....

8 Que dit la science à ce propos ?

....

CHAPITRE 4 | Le mystère de la fenêtre

Imaginons que nous sommes dans la pièce de la rue Morgue.
Quelle est la première chose que nous chercherions ? Le moyen
par lequel les assassins se sont enfuis !

Examinons une à une les possibilités de fuite. Il est clair que
l'assassin se trouvait dans la pièce où Camille L'Espanaye a été
trouvée ou tout du moins dans la pièce d'à côté, pendant que le
groupe des témoins montait l'escalier. C'est donc dans ces deux
pièces que nous devons chercher les voies d'issue. La police a
examiné le sol et les murs. Il n'y a pas de passage secret. J'ai
voulu, moi aussi, m'en rendre compte. Les deux portes qui
conduisent sur le couloir étaient fermées à clé, les clés à
l'intérieur. Regardons les cheminées. Un chat ne pourrait y
passer. Examinons maintenant les fenêtres. Par celles de la pièce
qui donne sur la façade, personne ne pourrait sortir sans être
remarqué par les gens qui passent dans la rue. Les assassins
n'ont donc pu passer que par les fenêtres de la pièce qui donne
sur l'arrière de la maison.

Il ne reste plus qu'à prouver que ce n'est pas aussi impossible
que cela semble.

Double assassinat dans la Rue Morgue

Cette pièce a deux fenêtres semblables, « à guillotine » [1] ; la première fenêtre est parfaitement visible alors que l'autre est en partie obstruée par le montant d'un lit volumineux. On a trouvé la première fenêtre bloquée de l'intérieur avec non seulement le système de fermeture à ressort traditionnel, mais aussi avec un gros clou enfoncé jusqu'à la tête dans un trou pratiqué à l'aide d'un vilebrequin, dans le châssis ; ceci pour empêcher la partie mobile de la fenêtre de coulisser [2] vers le haut. Un clou semblable est enfoncé dans le châssis de l'autre fenêtre.

La police a conclu, après avoir vérifié sur la première fenêtre, que si les parties mobiles des fenêtres pouvaient être éventuellement manœuvrées de l'extérieur, il était absolument impossible d'enfiler de nouveau, de l'extérieur, les clous dans les trous pratiqués dans le châssis, à l'intérieur. J'ai toujours pensé cependant que l'assassin n'avait pu sortir que par les fenêtres et je les ai donc examinées avec plus d'attention.

J'ai retiré avec beaucoup de difficulté, le gros clou enfilé dans le châssis de la première fenêtre mais il n'en a pas été de même pour le clou en apparence semblable au premier, de la deuxième fenêtre. En effet, le deuxième clou, est cassé à l'intérieur du châssis et j'ai retiré facilement la tête du clou. Une fois replacée, la tête de ce clou donne l'idée d'un clou entier. La cassure est rouillée et on doit donc penser qu'elle est ancienne.

Voici élucidée l'énigme de la fuite de l'assassin sorti par la fenêtre. Que la fenêtre se soit refermée toute seule ou que l'assassin l'ait refermée en sortant ne change rien au fait que la

---

1. **Une fenêtre à guillotine** : fenêtre munie d'une partie mobile qui s'ouvre de bas en haut.
2. **Coulisser** : glisser verticalement ou latéralement.

Le mystère de la fenêtre

police, en la trouvant fermée, avec en plus les clous de sûreté, a pensé que l'assassin n'avait pu passer par là.

Le problème qui suit concerne la manière dont l'assassin a réussi à descendre du quatrième étage, le long du mur. Quand j'ai fait avec vous le tour de la maison, l'autre jour, j'ai remarqué qu'un câble de paratonnerre passe à environ un mètre soixante de la fenêtre. D'autre part, j'ai remarqué que le battant du volet, se rabat du côté du câble. La police, qui a conclu qu'il était impossible de sortir par les fenêtres, à cause des clous, n'y a pas prêté attention. Il faut tenir compte encore de l'habileté inhabituelle de l'assassin.

Double assassinat dans la Rue Morgue

Rappelez-vous ! Nous avons été frappés par le fait insolite qu'il n'y a pas deux témoins d'accord sur la nationalité de la deuxième voix, et qu'aucun d'eux n'a été en mesure de reconnaître un seul mot prononcé par cette deuxième voix !

Ne perdez pas de vue que j'ai déplacé le problème sur le moyen d'entrer de l'assassin sur celui de sortir. Je suis persuadé qu'il a utilisé le même chemin, les deux fois.

Revenons pour l'instant à la pièce ! Pourquoi l'assassin a-t-il laissé 4 000 francs en or sans toucher aux deux sacs qui se trouvaient sur le sol ? Le mobile ne peut être l'argent prélevé à la banque trois jours auparavant et ce n'est qu'une simple coïncidence ! Si l'or avait été le mobile, alors il faudrait considérer l'auteur de ce double assassinat, comme un véritable imbécile qui a tellement hésité qu'il a abandonné sur le lieu du crime, l'or et donc le mobile !

Il faut retenir trois points : la voix étrange, l'habileté extraordinaire et l'absence de mobile dans toute cette histoire affreuse.

Compréhension écrite et orale

DELF **1** Écoutez attentivement l'enregistrement du chapitre, puis cochez la bonne réponse.

1 Dupin veut comprendre comment l'assassin
   a ☐ est entré.　　　　b ☐ s'est enfui.

2 Dupin cherche des indices dans
   a ☐ toute la maison.　　b ☐ deux pièces en particulier.

3 Selon Dupin, l'assassin est sorti par
   a ☐ les fenêtres.　　　b ☐ la cheminée.

4 Dupin a enlevé le clou de la première fenêtre
   a ☐ facilement.　　　b ☐ difficilement.

5 Le clou de la deuxième fenêtre était
   a ☐ cassé.　　　　　b ☐ en bon état.

6 L'énigme de la fuite de l'assassin
   a ☐ reste entière.　　b ☐ est résolue.

7 Selon Dupin, l'assassin est descendu
   a ☐ par l'escalier.　　b ☐ le long du câble.

8 L'assassin est entré et sorti par
   a ☐ deux endroits différents.　b ☐ le même endroit.

9 Ce double meurtre
   a ☐ a un mobile : l'argent.　b ☐ n'a pas de mobile.

10 Selon Dupin, l'assassin
   a ☐ a une voix étrange.　b ☐ est un voleur étranger.

Enrichissez votre **vocabulaire**

1 A **Devinez le mot mystérieux. Il se trouve dans le chapitre.**

Il décida d'aller au cirque. Le .... du spectacle était une contorsionniste : la petite fille de Valentin le Désossé[1] !

Elle avait d'abord dit que le spectacle ne valait pas un ...., puis elle avait prétexté un mal de tête ! Des .... ! Ils iraient quand même voir le spectacle.

« Tout est fini entre nous, mais un .... chasse l'autre ! Tu retrouveras vite un autre fiancé ! ». La vérité c'est qu'il n'aimait pas les femmes maigres comme un .... !

B **Retrouvez maintenant toutes les expressions liées au mot mystérieux, puis dites ce qu'elles signifient.**

2 Entourez les mots dont le préfixe « para- » donne l'idée de « protection contre quelque chose ».

paratonnerre   paradis   parasol   parabole
parapluie   parachute   parallélépipède   paradoxe
paravent   parapente   paragraphe

3 Dans le texte, trouvez les mots qui correspondent aux définitions.

1 En bois ou en métal, il sert à protéger une fenêtre : un _ _ _ _ T

2 En forme de spirale, il peut se tendre et se détendre : un R _ _ _ _ _ _

3 Encadrement en bois ou en métal, fixe ou mobile : un _ _ Â _ _ _ S

4 Muni d'une manivelle, il sert à faire des trous : un _ _ L _ _ _ _ Q _ _ _

---

1. **Valentin le Désossé** (1843-1907) : célèbre danseur du Moulin-Rouge immortalisé sur les affiches de Toulouse-Lautrec.

4 Associez chaque personnage de roman policier à son auteur.

> Maigret   Arsène Lupin   Philip Marlowe
> Hercule Poirot   Rouletabille   Sherlock Holmes

1 Agatha Christie   **2** Gaston Leroux   **3** A. Conan Doyle

....

4 Georges Simenon   **5** Raymond Chandler   **6** Maurice Leblanc

....

Grammaire

L'hypothèse

L'hypothèse sert à :

- exprimer un fait présent ou futur soumis à une condition.

Si + présent de l'indicatif + présent de l'indicatif/futur

Si tu **veux**, tu **peux** m'aider à inspecter le lieu du crime.

Si le préfet de police **est** là, nous **entrerons** sans problème.

- exprimer un fait futur hypothétique soumis à une condition.

Si + imparfait + conditionnel présent

Si *la police* **écoutait** *Dupin, elle* **arrêterait** *l'assassin.*

- évoquer un fait qui aurait pu se produire dans le passé mais ne s'est jamais réalisé.

Si + plus-que-parfait + conditionnel présent/passé

Si *l'or* **avait été** *le mobile, il* **faudrait** *considérer l'assassin comme un véritable imbécile !* (dans le présent)

Si *l'or* **avait été** *le mobile, il* **aurait fallu** *considérer l'assassin comme un véritable imbécile !* (dans le passé)

1 Conjuguez les verbes entre parenthèses au temps qui convient.

1 Si Dupin (*mener*) .... l'enquête, le coupable n'a aucune chance.

2 Si ces deux éléments (*manquer*) ...., la stratégie de la police s'écroulerait.

3 Si Dupin a raison, le meurtrier (*avoir*) .... une force incroyable.

4 Si le mobile (*être*) .... l'argent, les 4 000 euros auraient disparu.

5 Si la police interrogeait tous les témoins, elle (*pouvoir*) .... arrêter le coupable.

6 Si le boulanger a raison, le coupable n'(*être*) .... pas un Russe.

7 Si l'assassin (*sortir*) ...., les voisins l'auraient aperçu.

8 Si la cassure était récente, le clou ne (*être*) .... pas rouillé.

CHAPITRE 5

Hors du commun

— Rappelons-nous : une femme étranglée avec la seule force des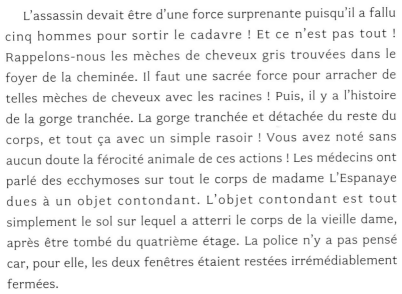
deux mains, le corps enfilé dans le conduit de cheminée, la tête
en bas. Les assassins communs ne tuent pas de cette façon et
encore moins ils se débarrassent d'un cadavre comme ça !

L'assassin devait être d'une force surprenante puisqu'il a fallu
cinq hommes pour sortir le cadavre ! Et ce n'est pas tout !
Rappelons-nous les mèches de cheveux gris trouvées dans le
foyer de la cheminée. Il faut une sacrée force pour arracher de
telles mèches de cheveux avec les racines ! Puis, il y a l'histoire
de la gorge tranchée. La gorge tranchée et détachée du reste du
corps, et tout ça avec un simple rasoir ! Vous avez noté sans
aucun doute la férocité animale de ces actions ! Les médecins ont
parlé des ecchymoses sur tout le corps de madame L'Espanaye
dues à un objet contondant. L'objet contondant est tout
simplement le sol sur lequel a atterri le corps de la vieille dame,
après être tombé du quatrième étage. La police n'y a pas pensé
car, pour elle, les deux fenêtres étaient restées irrémédiablement
fermées.

Nous avons un portrait complet de l'assassin : une habileté
incroyable, une force surhumaine, une férocité de brute, aucun

Double assassinat dans la Rue Morgue

mobile raisonnable et une voix extrêmement insolite qui semble parler une langue étrangère à des personnes provenant de différents pays. Qu'en pensez-vous ?

— Je pense à un fou, à un malade mental qui s'est échappé d'un asile.

— C'est une idée intéressante, dit Dupin, mais les fous proviennent de toute façon de pays qui existent ! Il est vrai que leurs propos sont souvent incohérents mais ils contiennent des mots reconnaissables. Et les cheveux des fous ne ressemblent pas à ce que je tiens dans ma main. J'ai trouvé ceci dans la main de madame L'Espanaye. Qu'en pensez-vous ?

— Mais Dupin, m'écriai-je abasourdi [1], ce ne sont pas des cheveux humains !

— Je n'ai pas dit que cela en était, répondit Dupin, mais avant que nous décidions de leur vraie nature, je voudrais que vous jetiez un coup d'œil sur ce croquis. C'est la reproduction des marques des ecchymoses noires et des ongles qu'on a trouvées sur le cou de Camille L'Espanaye.

Si on applique la feuille de papier sur ce cylindre de bois, qui a le diamètre du cou de mademoiselle L'Espanaye, on a une idée de la disposition des doigts. Et maintenant placez vos doigts sur les marques des doigts de l'assassin !

C'était impossible, les mains de l'assassin étaient trop grandes et les doigts trop longs !

— Ces empreintes ne sont pas celles d'une main humaine, dis-je.

— Lisez maintenant ce passage d'un livre d'éthologie [2], me dit Dupin en me tendant un ouvrage. C'était une description

---

1. **Abasourdi** : incrédule, très surpris.
2. **L'éthologie** : science qui étudie les comportements des espèces animales.

détaillée du grand orang-outan du Sud-Est asiatique.

Je connaissais sa taille gigantesque, sa force prodigieuse, sa férocité et son aptitude à imiter les sons et les gestes des êtres humains. Je mesurais toute l'horreur du double assassinat de la rue Morgue.

— Seul un orang-outan est capable de laisser de telles empreintes et puis il y a la touffe de poils trouvée dans la main de madame L'Espanaye. Par ailleurs, les témoins ont entendu deux voix pendant la dispute, dont une était certainement la voix qui parlait français. Presque tous ont déclaré que cette voix prononçait les mots « mon Dieu ».

Je peux en déduire qu'un Français est au courant du double assassinat mais qu'il est innocent. Il a pu suivre jusqu'à la maison de la rue Morgue les traces de l'orang-outan qui lui a échappé, mais, bouleversé par ce qui s'est passé, il n'a plus réussi à le capturer. L'animal est encore en liberté. Si le Français est innocent, comme je le crois, la petite annonce que j'ai laissée au journal *Le Monde* l'autre nuit, l'amènera ici.

Double assassinat dans la Rue Morgue

Il me tendit le journal et je lus :

Un énorme orang-outan de Bornéo a été capturé dans le Bois de Boulogne, le... dans les premières heures du matin. Son propriétaire, après vérification, membre de l'équipage d'un bâtiment [1] maltais, pourra récupérer l'animal après avoir prouvé, sans erreur possible, qu'il lui appartient, et payer les frais occasionnés par la capture et la garde de l'animal. S'adresser au n° ... de la rue ... Quartier Saint-Germain, troisième étage.

— Mais comment savez-vous, demandai-je, que le propriétaire de l'animal est un marin, et qui plus est de l'équipage d'un bâtiment maltais ?

— Je ne le sais pas, répondit Dupin, c'est-à-dire que je n'en suis pas sûr. J'ai trouvé, au pied du câble du paratonnerre, ce morceau de ruban qui a servi, de toute évidence, vu sa forme et sa saleté, à retenir des cheveux noués en queue de cheval, comme il est d'usage parmi les marins. D'autre part, ce type de nœud est rare et caractéristique des marins maltais.

Notre homme est innocent, continua Dupin, mais il est au courant de la tuerie. Il va sûrement hésiter avant de répondre à l'annonce et de réclamer l'orang-outan. Par ailleurs, il est pauvre

---

1. **Un bâtiment** : ici, bateau.

Double assassinat dans la Rue Morgue

et il regrette de renoncer à un animal qui a une grande valeur. Pourquoi aurait-il peur ? Il doit se dire qu'il est innocent et qu'en plus, le singe a été retrouvé dans le Bois de Boulogne, loin du lieu du double assassinat. La police piétine [1] et l'homme doit penser : « Même si on capture mon singe, personne ne pourra penser que je sais que l'animal est responsable. Et, même si on est persuadé que je le sais, personne ne peut m'accuser de complicité ! Mais quelqu'un connaît cependant mon existence. La personne qui a passé la petite annonce et qui m'indique comme le propriétaire de l'animal. Si je ne réponds pas à l'annonce et ne revendique pas une propriété qu'on sait de grande valeur, je fais tomber les soupçons sur l'orang-outan. Il ne faut pas que je fasse retomber les soupçons sur moi ni sur l'animal. Je dois répondre à l'annonce, récupérer mon animal et l'enfermer jusqu'à ce que toute cette histoire soit oubliée ».

Compréhension écrite et orale

◆DELF ❶ Lisez attentivement le chapitre, puis répondez aux questions.

1 L'assassin a une très grande force. Quels sont les éléments qui le montrent ?

....

2 Pourquoi le corps de madame L'Espanaye est-il couvert d'ecchymoses ?

....

3 Quels sont les caractéristiques de l'assassin ?

....

4 Selon le narrateur, qui est l'assassin ?

....

5 Quels sont les indices qui prouvent que l'assassin n'est pas humain ?

....

6 Selon Dupin, qui est l'assassin de la rue Morgue ?

....

7 L'assassin n'était pas seul. Qui l'accompagnait ?

....

8 Que fait Dupin pour se mettre en contact avec cette personne ?

....

🔊 ❷ Écoutez attentivement l'enregistrement, puis complétez le texte. Relisez ensuite le chapitre et corrigez les erreurs.

Un énorme (**1**).................... de Bornéo a été capturé dans le Bois de (**2**).................... . Son (**3**)...................., après vérification, membre de l'équipage d'un (**4**).................... ...., pourra récupérer l'animal après avoir payé une amende et les frais occasionnés pour la capture et la garde de l'animal.

S'adresser au n° (**5**).................... de la rue (**6**)...................., Quartier (**7**)...................., troisième étage.

Enrichissez votre **vocabulaire**

1 Retrouvez le sens des mots ou des expressions soulignés.

1 C'est un assassin <u>hors du commun</u>.

  a ☐ Pas comme les autres.
  b ☐ Comme les autres.

2 Une femme a été étranglée <u>à la seule force</u> des deux mains.

  a ☐ Uniquement avec les mains.
  b ☐ Avec une grande force.

3 Ils tiennent des propos <u>incohérents</u>.

  a ☐ Très intéressants.
  b ☐ Sans aucun sens.

4 Il faut une <u>sacrée force</u> pour arracher de telles mèches de cheveux.

  a ☐ Une grande force.
  b ☐ Une force inspirée par Dieu.

5 Il doit <u>jeter un coup d'œil</u> au croquis.

  a ☐ Regarder rapidement.
  b ☐ Ne pas faire attention à quelque chose.

6 <u>Il mesure</u> toute l'horreur du meurtre.

  a ☐ Se rendre compte de quelque chose.
  b ☐ Ne pas comprendre quelque chose.

7 L'enquête sur le double assassinat <u>piétine</u>.

  a ☐ Ne pas progresser.
  b ☐ Évoluer rapidement.

2 Associez chaque mot à son contraire.

a libérer   b minuscule   c douceur   d contondant
e coupable   f certitude   g se débarrasser   h banal

1 ☐ innocent   4 ☐ soupçon   7 ☐ capturer
2 ☐ insolite   5 ☐ conserver   8 ☐ férocité
3 ☐ gigantesque   6 ☐ tranchant

Grammaire

L'emploi du subjonctif

Contrairement à l'indicatif, qui sert à exprimer des faits réels ou réalisables, le subjonctif est le mode de l'éventualité, de la subjectivité, du doute.

*Je pense qu'il **viendra** chercher son singe.* (j'en suis sûr)
*Je doute qu'il **vienne** chercher son singe.* (je n'en suis pas sûr)

On l'utilise le plus souvent dans les propositions subordonnées (rarement dans les propositions principales).

Après les verbes qui expriment :

- une volonté ou un désir (*vouloir, préférer, souhaiter...* sauf *espérer*).
  *Je **voudrais** que vous **jetiez** un coup d'œil sur ce croquis.*
  *Je **souhaite** que le coupable **soit** arrêté.*

- un sentiment (*regretter, craindre, avoir peur...*)
  *Je **regrette** que l'animal lui **appartienne**.*

- une opinion (*croire, penser, estimer...*) à la forme négative et interrogative.
  *Je **ne pense pas** qu'il **soit** responsable.* (mais *je pense* qu'il **est** responsable)

Après les constructions impersonnelles :

*Il **ne faut pas que** je **fasse** retomber les soupçons sur moi.*
*Il **suffit qu**'il **lise** l'annonce.*

Après les conjonctions de subordination qui indiquent :

- le but.
  *Il rédige l'annonce **pour que** le marin **vienne**.*

- la condition, l'hypothèse.
  *Ils me croiront **à condition que** je **réponde** à l'annonce.*

- l'opposition, la condition.
  ***Bien qu**'il **soit** innocent, il se cache.*

- le temps (*avant que, jusqu'à ce que, en attendant que*).
  *Il faut le capturer **avant qu**'il ne **soit** trop tard.*

Attention !

En français, on n'emploie plus le subjonctif imparfait, sauf quelquefois à l'écrit : on utilisera systématiquement le subjonctif présent.

On dira « *Je voulais qu'il **aille** en prison* » et non pas « *Je **voulais** qu'il **allât** en prison* », même si cette dernière phrase est la plus correcte des deux, puisqu'elle respecte la concordance des temps.

1 Indicatif ou subjonctif ? Cochez la bonne réponse.

1   Je ne pense pas qu'il **a** ☐ a **b** ☐ ait une force surhumaine.

2   Il faut que tu **a** ☐ fais **b** ☐ fasses le portrait de l'assassin.

3   Je crois que le coupable **a** ☐ est **b** ☐ soit un marin.

4   Je doute que l'assassin **a** ☐ est **b** ☐ soit fou.

5   Nous sommes certains que Dupin **a** ☐ sait **b** ☐ sache qui est le coupable.

6   Il a peur que nous **a** ☐ capturons **b** ☐ capturions son singe.

7   Il faut payer les frais pour que l'animal **a** ☐ est **b** ☐ soit relâché.

8   J'espère que tu **a** ☐ es **b** ☐ sois innocent.

9   Le coupable sera arrêté à condition que vous **a** ☐ menez **b** ☐ meniez l'enquête.

10   Je pense que ce ruban **a** ☐ appartient **b** ☐ appartienne au marin.

Production écrite et orale

1 À partir de tous les éléments que vous avez recueillis dans le chapitre, faites le portrait du maître de l'animal, puis présentez-le oralement.

DELF **2** À qui aurait également pu appartenir le singe ?

CHAPITRE 6 — L'histoire d'un marin

Nous entendîmes des pas dans l'escalier. Le visiteur sembla ensuite hésiter car il redescendit des marches. Dupin alla rapidement vers la porte mais nous entendîmes qu'il recommençait à monter. Il n'hésitait plus et se dirigeait vers la porte. Il frappa.

— Entrez, dit Dupin, d'une voix cordiale.

Un homme entra. C'était un marin, grand et musclé.

— Bonsoir, dit-il.

— Asseyez-vous. J'imagine que vous êtes venu reprendre l'orang-outan. Un très bel animal. Quel âge a-t-il ?

— Je ne sais pas exactement, quatre ou cinq ans peut-être. Il est ici ?

— Oh non ! Nous ne pouvions pas le garder ici ! Il est dans une écurie, près d'ici, rue Dubourg. Vous pourrez le reprendre dans la matinée.

— Merci, dit le marin. Bien entendu je désire vous dédommager pour les problèmes que cela vous a posés.

— Ah, ça c'est aimable ! Que puis-je vous demander ? Donc...

Voilà, ce que je vais vous demander : ce que vous savez sur le double assassinat de la rue Morgue.

Double assassinat dans la Rue Morgue

Dupin avait prononcé ces mots à voix basse. Il alla à la porte et la ferma à clé. Ensuite il retira un pistolet de sa poche et le posa tranquillement sur la table.

Le marin se leva, puis retomba sur la chaise, le visage blanc comme un linge.

— Monsieur, déclara Dupin sur un ton doux, soyez tranquille. Je suis persuadé que vous êtes innocent dans toute cette histoire de la rue Morgue, mais vous y êtes quand même pour quelque chose [1]. À cause de tout cela, un innocent est en prison et vous êtes le seul qui puissiez dire ce qui s'est passé !

— Je vais tout vous raconter mais vous n'allez pas me croire !

Il demeura silencieux pendant quelques instants, puis il commença à raconter son histoire.

— Tout a commencé à Bornéo où notre bateau avait fait escale [2]. Un ami, marin sur le même bateau que moi, captura un orang-outan mais mourut peu de temps après. Je décidai de garder l'animal. De retour à Paris, j'emmenai l'orang-outan chez moi. Une nuit, alors que je rentrais chez moi, après avoir passé plusieurs heures dans un bar avec d'autres marins, je trouvai l'animal installé dans ma chambre, essayant de se faire la barbe devant un miroir, comme il m'avait vu faire si souvent ! J'étais terrifié en voyant le rasoir dans les mains d'un animal si dangereux ! Pendant quelques secondes je ne sus quoi faire, puis j'allai chercher le fouet avec lequel je réussissais à le faire obéir. Quand il aperçut le fouet, l'orang-outan courut vers la porte, descendit l'escalier, trouva une fenêtre malheureusement ouverte et s'échappa. Je courus après lui, rue après rue, pendant longtemps. Tout était désert et sombre.

1. **Y être pour quelque chose** : être en partie responsable.
2. **Une escale** : étape pendant un voyage en bateau ou en avion.

Double assassinat dans la Rue Morgue

À un certain moment, il aperçut, dans une ruelle derrière la rue Morgue, de la lumière à l'étage d'une maison. Il courut vers cette maison et commença à grimper le long du câble du paratonnerre. En un instant il arriva au quatrième étage, s'agrippa au volet et pénétra dans la pièce, par la fenêtre ouverte. D'un côté, j'étais soulagé en pensant qu'il ne serait pas difficile de récupérer l'animal, mais de l'autre, j'étais terrifié à l'idée de ce qu'il pouvait faire dans la maison. Je décidai donc de le suivre. Je réussis assez facilement à grimper le long du câble du paratonnerre mais, arrivé en haut, je ne pus pénétrer dans la maison car le volet était trop loin de moi. Je fus horrifié par les cris des deux femmes. Je peux imaginer la violence de ses actes, comment la vue du sang l'a rendu encore plus furieux et comment il a voulu cacher ses actions en cachant le corps d'une des victimes dans la cheminée et en jetant l'autre par la fenêtre. Quand il s'approcha de la fenêtre avec le corps de la vieille dame, je n'eus qu'une idée, redescendre, me sauver et rentrer chez moi, en laissant l'animal à son destin !

— Ainsi les mots que les témoins entendirent dans l'escalier, c'était vos exclamations d'horreur ! ajoutai-je.

— Et la voix stridente, celle de l'orang-outan, ajouta Dupin.

Que dire encore ? Que l'orang-outan a dû ressortir par la fenêtre qu'il a refermée, est redescendu par le câble, quelques instants avant que les témoins ne forcent la porte de la chambre.

Le marin a récupéré lui-même son animal au Jardin des Plantes [1], où il l'a finalement laissé contre une grosse somme d'argent. Quant à Dupin et moi, nous sommes allés chez le préfet de police, raconter, à quelques détails près [2], comment les faits avaient dû se passer.

---

1. **Le Jardin des Plantes** : jardin botanique à Paris.
2. **À quelques détails près** : en éliminant certains détails.

Compréhension écrite et orale

DELF **1** Écoutez attentivement l'enregistrement du chapitre, puis dites si les affirmations suivantes sont vraies (V) ou fausses (F).

		V	F
1	Le marin est petit et maigre.	☐	☐
2	Il a hésité avant de rencontrer Dupin.	☐	☐
3	Le marin demande où se trouve l'animal.	☐	☐
4	Dupin pose un revolver sur la table.	☐	☐
5	Le marin refuse de s'asseoir.	☐	☐
6	Il est prêt à raconter ce qu'il sait.	☐	☐
7	Dupin est cordial avec lui.	☐	☐
8	Le marin a tenté d'intervenir pendant la tuerie.	☐	☐

10 **2** Écoutez attentivement l'enregistrement, puis cochez la bonne DELF réponse.

Quand le marin est rentré chez lui, il a trouvé, **a** ☐ terrifié **b** ☐ pétrifié, l'orang-outan, une arme **a** ☐ tranchante **b** ☐ blanche à la main. Il a saisi **a** ☐ une lanière **b** ☐ une sangle pour le **a** ☐ menacer **b** ☐ désarmer mais l'animal, **a** ☐ habile **b** ☐ agile, s'est sauvé par une fenêtre. Le marin, **a** ☐ paniqué **b** ☐ angoissé, l'a **a** ☐ suivi **b** ☐ poursuivi dans la nuit noire. L'orang-outan a soudain **a** ☐ entrevu **b** ☐ aperçu de la lumière à l'étage d'une maison et s'est **a** ☐ élancé **b** ☐ précipité vers le mur. La vieille **a** ☐ femme **b** ☐ dame a **a** ☐ hurlé **b** ☐ crié mais l'orang-outan lui a **a** ☐ coupé **b** ☐ tranché le cou.
Le marin, **a** ☐ désespéré **b** ☐ désemparé, est rentré chez lui, ne voulant plus rien savoir.

Enrichissez votre **vocabulaire**

1 Complétez la grille à l'aide des définitions.

Horizontalement

1 Serrer très fort le cou de quelqu'un pour le tuer.

2 Île où est né l'orang-outan.

3 Île où est né le marin.

4 Message publié dans un journal.

5 Matière noire qui se dépose dans les conduits des cheminées.

6 Madame L'Espanaye les a arrachés à l'assassin.

Verticalement

7 Moment où a eu lieu la tuerie.

8 Nom de la rue où habitaient les victimes.

9 Utilisé par le marin pour attacher ses cheveux.

10 Singe.

11 Prénom de la fille de madame L'Espanaye.

12 La *Gazette des Tribunaux* en est un.

13 Les témoins ne sont pas d'accord sur la deuxième.

14 On le plante avec un marteau.

2 Selon vous, le titre d'Edgar Poe est-il bien choisi ? Trouvez à votre tour un nouveau titre :

1 macabre ....

2 grotesque ....

3 Grâce aux définitions, trouvez les lettres communes aux deux mots.

_ _ Î T R E

_ _ R I N

Adjectif possessif

_ _ _ A R M É

_ _ _ O R D O N N É

Article indéfini

_ _ B L I E

_ _ V R E

Conjonction de coordination

J A _ _ _ _

_ _ _ _ O N

Conjonction de coordination

_ _ G N E

_ _ N G E

Indique l'hypothèse

_ _ R I E U X

_ _ G U E U R

Avec un « s » ou un « t » c'est « être » au passé simple

R E _ _ _ _ _

P A R _ _ _ _ _

Verbe « venir » au présent à la 3e personne singulier

_ _ N G

_ _ C R É

Adjectif possessif

Grammaire

Le participe présent et le gérondif

- Pour former **le participe présent**, on ajoute la désinence -**ant** au radical de la première personne du pluriel du présent de l'indicatif.

nous demandons → *demand**ant***   *nous finissons* → *finiss**ant***

nous entendons → *entend**ant***   *nous allons* → *all**ant***

Les auxiliaires **être** et **avoir** ont un participe présent irrégulier.

avoir → *ayant*   *être* → *étant*

Le participe présent remplace une proposition relative.

Un détective qui a de l'intuition. → *Un détective ayant de l'intuition.*
Un orang-outan qui devient violent. → *Un orang-outan devenant violent.*

• **Le gérondif** se forme avec le participe présent précédé de la préposition **en.**

demander → **en** demandant   finir → **en** finissant
entendre → **en** entendant   aller → **en** allant

On l'emploie pour marquer deux actions simultanées faites par le même sujet.

***En entrant**, il aperçu le singe.*

1 Mettez les verbes entre parenthèses au gérondif ou au participe présent.

1 L'orang-outan (*devenir*) .... nerveux, la police fit évacuer la salle.

2 Son maître (*être*) .... absent, l'animal s'échappa par la fenêtre.

3 L'orang-outan s'échappa (*courir*) ....

4 Le préfet (*avoir*) .... des doutes, Dupin prit les choses en main.

5 (*grimper*) .... le long du mur, il risqua sa vie.

6 (*voir*) .... le revolver sur la table, le marin devint livide.

7 C'est un meurtre (*intriguer*) .... les habitants.

8 Le marin s'enfuit, (*laisser*) .... l'animal à son destin.

Production écrite et orale

DELF **1** Au lieu de s'enfuir, le marin entre dans la maison et tente de sauver les deux femmes. Décrivez la scène.

PROJET **INTERNET** ◀◀◀

Les orangs-outans

Rendez-vous sur le site www.blackcat-cideb.com.

Cliquez ensuite sur l'onglet *Students*, puis sur la catégorie *Lire et s'entraîner*. Choisissez enfin votre niveau et le titre du livre pour accéder aux liens du projet Internet.

▶ Comment s'appelle la famille des grands singes ?
▶ Quels sont les différentes espèces de grands singes ?
▶ Les grands singes sont-ils proches de l'homme ?
▶ Pourquoi les grands singes sont-ils menacés d'extinction ?

▶ Combien mesurent et pèsent les orangs-outans (mâle et femelle) ?
▶ Où vivent-ils ?
▶ Font-ils partie des petits mammifères ?
▶ Que signifie « arboricole » ?
▶ De quoi les orangs-outans se nourrissent-ils ?
▶ Pourquoi l'orang-outan est-il le grand singe le plus menacé ?
▶ Citez quatre différences entre l'orang-outan et le chimpanzé.

▶ Quels sont les pays d'Europe où l'on peut voir les grands singes ?
▶ Où se trouvent « La vallée des grands singes » ?
▶ Pourquoi est-ce un parc différent des autres ?

▶ Qu'est ce que « l'écotourisme » ?
▶ Qu'est ce que « l'écovolontariat » ?

L'Arc de triomphe.

Paris au XIXᵉ siècle

Le XIXᵉ siècle s'ouvre à Paris avec de grands travaux d'aménagement en vue du sacre de Napoléon Iᵉʳ (1804).

Napoléon Bonaparte, premier consul et futur empereur, a depuis longtemps de grands projets pour la capitale qu'il veut grandiose, à la mesure de ses ambitions et de son orgueil.

Il décide donc de faire aménager la Seine et de faire construire le pont des Arts, entièrement réalisé en métal.

Trois kilomètres de quais sont créés du Louvre aux Tuileries, autour de la Cité en particulier, ce qui incite les habitants à s'y promener.

On crée la rue de Rivoli, bordée d'arcades, de la place de la Concorde au Palais-Royal.

L'empereur entreprend la construction de l'Arc de triomphe et de

l'église de la Madeleine (dans le style néoclassique).

La population ayant augmenté, Napoléon Ier crée de nouveaux marchés et de nombreux abattoirs pour subvenir aux besoins des Parisiens.

Lorsque l'empereur est déchu, la monarchie désire reprendre ses droits. Les rois qui lui succèdent n'ont pas les projets grandioses de Napoléon Ier. Occupés à restaurer leurs privilèges, en face d'un peuple qui n'a pas l'intention de perdre les libertés acquises avec la révolution de 1789 (l'épisode sanglant des *Trois Glorieuses*, sous Charles X, avec les nuits du 27, 28, 29 juillet 1830), les rois ralentissent les grands travaux dans la capitale, d'autant plus que l'empire a laissé les caisses vides. Petit à petit, cependant, de nouveaux quartiers sont créés, dans Paris et en dehors des murs de la ville.

Grâce à de nouvelles adductions d'eau, l'hygiène s'améliore. De nombreux bains publics sont créés. Ils sont fréquentés par la classe bourgeoise, qui ne possède pas de salle de bains. Les médecins déconseillent cependant de prendre un bain plus d'une fois par mois ! De nombreuses rues sont illuminées avec l'éclairage public au gaz. Les gens s'y promènent tard dans la nuit. Les cafés et les théâtres se multiplient. En plus des voitures à cheval, des fiacres et des cabriolets, apparaissent, dès 1828, des voitures publiques confortables qui desservent des lignes régulières.

Paris a des besoins alimentaires toujours plus importants. Malgré l'épidémie de choléra de 1832 (pendant le règne de Louis-Philippe) la population est en augmentation, d'autant plus que les nobles ayant émigré pendant la Révolution sont revenus en masse. La capitale subvient en partie à ses besoins grâce aux terrains cultivés

La rue de Rivoli.

dans ses murs et en dehors, grâce à ses vignes (on peut assister aujourd'hui à la fête du vin à Montmartre qui possède encore une vigne d'où l'on tire, pour le souvenir, un petit vin aigrelet et... imbuvable) et ses « vacheries » pour le lait.

Les marchés, les boutiques d'alimentation, les marchands de vin, les cafés ordinaires, les cafés luxueux transformés en salons et les restaurants prestigieux se multiplient.

On voit apparaître des bâtiments étranges le long de la Seine : des espèces de barques avec un bassin au milieu, où des femmes, les lavandières, lavent le linge et le font sécher sur le toit de ces curieuses embarcations. Ce sont les « bateaux-lavoirs » des blanchisseuses, installés le long de la Seine.

Les petits métiers et les artisans sont de plus en plus nombreux.

Mais voilà que la petite industrie apparaît. Elle produit dans ses ateliers les fameux produits de luxe (parfums, dentelles...).

La place de la Concorde.

L'essor du chemin de fer va favoriser les échanges commerciaux et les grandes fortunes industrielles et bancaires vont se développer.

À côté de cette ascension économique, la misère s'accroît dans certaines couches sociales, entraînant avec elle l'alcoolisme et les maladies contagieuses. L'aide sociale commence à s'organiser et de grands travaux ont lieu dans les hôpitaux.

L'enseignement aussi se développe, grâce à l'action du clergé, mais trop de personnes restent encore analphabètes. Les enfants sont plutôt envoyés dans les usines qu'à l'école.

C'est le roi Louis-Philippe qui ordonne les travaux d'embellissement de la place de la Concorde. L'obélisque de Louxor (Égypte) y est érigé en 1836.

Pendant le règne de Napoléon III, c'est-à-dire le Second Empire, deux expositions universelles ont lieu à Paris : en 1855 et en 1867. Les Parisiens et les visiteurs du monde entier peuvent venir admirer les grandes découvertes industrielles du XIXe siècle et les dernières réalisations techniques.

Napoléon III demande au préfet de Paris, le baron Haussmann, de redessiner la capitale en y traçant de grandes artères, en l'aérant et en démolissant les quartiers vétustes et insalubres. Les axes des grands boulevards sont créés. Ils permettent de se déplacer plus facilement dans Paris. Les gares agrandies favorisent les échanges avec la province.

Imposant, somptueux, de style néobaroque, l'Opéra Garnier est le monument le plus représentatif du style Second Empire.

Les halles sont réaménagées et construites avec des matériaux nouveaux : le fer, la fonte et le verre.

Une nouvelle forme de magasins voit le jour à Paris. Ce sont les grands magasins : *Le Bon Marché, La Belle Jardinière*... Ils connaissent un énorme succès car les éventuels clients peuvent – chose insolite à

L'Opéra Garnier.

l'époque – entrer et regarder sans acheter, et les prix, autre nouveauté, sont indiqués sur les produits.

En 1870, la guerre franco-prussienne entraîne la chute du Second Empire ; elle est suivie par un traité de paix désastreux pour la France.

La nouvelle Assemblée des députés, en choisissant de siéger à Versailles plutôt qu'à Paris, suscite un grand mécontentement surtout parmi les classes pauvres déjà éprouvées par la guerre.

Un Conseil général de la Commune siège à l'hôtel de ville et c'est l'insurrection. Les communards et les versaillais s'affrontent dans une capitale mise à feu et à sang. Les insurgés sont fusillés.

Après des débuts difficiles, la nouvelle République, qui doit faire oublier aux Parisiens et au monde la victoire des Prussiens, l'insurrection de la Commune et la guerre civile, reconstruit une grande partie de la ville. Les derniers grands travaux entrepris sous le Second Empire par Haussmann (le grand magasin *La Samaritaine* ou *Les Grands Magasins du Louvre*) sont achevés.

La traction à vapeur améliore considérablement les transports en commun : tramways, funiculaires (il y a de nombreuses collines à Paris), omnibus et bateaux transportent d'innombrables voyageurs qui se déplacent rapidement d'un point à l'autre de la ville.

Depuis 1873, un énorme ex-voto en marbre spécial qui blanchit à la pluie est en construction sur la butte de Montmartre. C'est la basilique du Sacré-Cœur, érigée pour remercier Jésus d'avoir épargné Paris pendant la guerre franco-prussienne.

Dans le ciel de la capitale, une étrange tour de fer s'élève petit à petit et inquiète beaucoup les promeneurs et les habitants. L'ingénieur Eiffel, qui l'a projetée, assure qu'elle sera prête pour l'Exposition universelle de 1889 – qui commémore le centenaire de la Révolution française – qu'elle tiendra debout et qu'elle sera... démontée après l'exposition !

La tour Eiffel en construction, 1888.

C'est bientôt la fin du siècle. Les étudiants et les ouvrières viennent danser dans les bals populaires qui fleurissent à Montmartre et dans d'autres quartiers. Au Moulin-Rouge, on peut admirer les danseuses de cancan qui se déchaînent sur les musiques d'Offenbach. Les cafés-concerts et les cabarets sont nombreux. C'est le début de la Belle Époque, une longue période d'insouciance et d'euphorie qui franchit le seuil du XXe siècle et ne laisse nullement présager l'horreur de la Première Guerre mondiale.

Le Moulin Rouge.

Compréhension écrite

1 Lisez attentivement le dossier, puis répondez aux questions.

1   En quelle année fut sacré Napoléon 1er ?

....

2   Quels sont les projets de Napoléon pour la capitale ?

....

3   Citez deux monuments commencés sous le Premier Empire.

....

4   Quel régime a succédé au Premier Empire ?

....

5   Comment s'appelle la révolution de 1830 ?

....

6   Quelles nouveautés améliorent la qualité de la vie au cours du XIXe siècle ?

....

7   De quel pays provient l'obélisque de Louxor et sur quelle place a-t-il été érigé ?

....

8   Avec quelle nation la France entre-t-elle en guerre en 1870 ?

....

9   Qui sont les communards ?

....

10   À quelle occasion la tour Eiffel a-t-elle été construite ?

....

11   Où vont danser les ouvrières et les étudiants à la fin du siècle ?

....

12   Comment s'appelle la période qui précède la Première Guerre mondiale ?

....

2 Relisez attentivement le dossier, puis replacez les différents endroits sur le plan de Paris.

a   Le musée du Louvre

b   Le pont des Arts

c   Les Halles

d   L'hôtel de ville

e   Le Palais-Royal

f   *Le Bon Marché*

g   La place de la Concorde

h   Le jardin des Tuileries

i   L'église de la Madeleine

j   L'Opéra Garnier

k   La rue de Rivoli

l   L'île de la Cité

La lettre volée

CHAPITRE 1   La recherche de la lettre

C'était l'automne 18... J'habitais chez mon ami Auguste Dupin. Nous étions dans la bibliothèque, silencieux. Dupin semblait occupé à contempler la fumée qui sortait de sa pipe. Soudain, la porte s'ouvrit et monsieur G., le préfet de police, entra.

Il expliqua à Dupin qu'il voulait connaître son opinion sur une affaire délicate qu'il s'était engagé à résoudre.

— Une autre affaire ? demandai-je. Pas un meurtre, j'espère !

— Non, rassurez-vous, pas cette fois-ci. En réalité, il s'agit d'une affaire à la fois très simple et très bizarre. C'est pourquoi, j'ai pensé que monsieur Dupin aimerait en connaître les détails.

— Simple et bizarre... dit Dupin.

— Oui, d'une certaine façon... Disons plutôt que malgré sa simplicité, nous sommes incapables de la résoudre !

— C'est peut-être justement sa simplicité qui vous amène à vous tromper, dit mon ami.

— Quel non-sens dites-vous là, monsieur Dupin ! répliqua le préfet, en riant.

— Le mystère est peut-être trop clair, continua Dupin.

— Quelle idée absurde !

— Un peu trop évident...

La recherche de la lettre

— Ah, ah ! Vous m'amusez beaucoup, Dupin !

— Mais de quoi s'agit-il, enfin ? demandai-je, impatient.

— Je vais tout vous raconter, dit le préfet de police, mais avant de commencer, je dois vous dire que cette affaire demande la plus grande discrétion. Je peux perdre mon travail si on apprend que j'en ai parlé à quelqu'un.

— Nous vous écoutons, dis-je.

— Une personne de la cour m'a informé qu'un document de la plus haute importance a été volé dans les appartements royaux. On connaît le nom du voleur car on l'a vu prendre le document et on sait qu'il est encore en sa possession.

— Comment le savez-vous ? demanda Dupin.

— C'est très simple : s'il était en d'autres mains, certaines informations très confidentielles seraient devenues publiques. Ce document donne, à celui qui le détient, un pouvoir immense !

— Je ne comprends toujours pas, dit Dupin.

— Si le contenu de ce document était révélé à une certaine personne, cela compromettrait l'honneur d'une autre personne, très haut placée. Voilà pourquoi le voleur a un pouvoir énorme sur cet individu, dont l'honneur et la sécurité sont en danger.

— Le voleur sait-il que la personne volée l'a vu ? demandai-je.

— Le voleur est le ministre D., un individu sans scrupule, et le document est une lettre adressée à une grande dame de la cour. Le ministre a agi de façon très simple. Alors que cette dame se trouvait seule dans le petit salon royal et qu'elle lisait la lettre, un haut personnage est entré dans la pièce. C'est précisément cette personne qui ne doit pas connaître le contenu de la lettre. Comme la dame ne pouvait pas dissimuler la lettre dans un tiroir sans attirer son attention, elle l'a laissée sur la table, l'adresse en

La lettre volée

évidence mais le texte caché. À ce moment-là, le ministre est entré dans la pièce. Ses yeux de lynx ont aperçu la lettre et il a tout de suite reconnu l'écriture sur l'enveloppe. Devant le trouble évident de la dame, il a deviné qu'elle avait un secret. Après avoir réglé les questions habituelles, il a sorti de sa poche une lettre semblable à celle posée sur la table. Il a fait semblant de la lire, puis il l'a mise à côté de l'autre. Il a de nouveau discuté de choses et d'autres, puis, au bout d'un quart d'heure, il s'est emparé de la

·D·

lettre compromettante, en laissant sur la table la lettre sans importance. Bien évidemment, la dame l'a vu mais elle n'a rien pu dire devant l'autre personne.

— Ainsi, dit Dupin, le voleur sait que sa victime l'a vu et que la lettre est entre ses mains.

— Depuis des mois le ministre D. use dangereusement de son pouvoir à des fins politiques. La dame sait qu'elle doit absolument reprendre le document qui lui appartient, mais ne

La lettre volée

pouvant le faire ouvertement, elle m'a demandé de l'aider.

— Elle a très bien fait de s'adresser à vous ! déclara Dupin, dans un nuage de fumée.

— C'est vrai, je crois que vous avez raison ! dit en souriant le préfet.

— Il est clair, ajoutai-je, que la lettre est encore dans les mains du voleur puisque c'est précisément sa possession qui le rend si puissant. S'il devait utiliser la lettre, il perdrait son pouvoir sur la dame en question !

— En effet, dit monsieur G. J'ai donc fait une perquisition minutieuse de l'hôtel particulier du ministre. Fort heureusement, il passe souvent la nuit dehors, et ses domestiques, qui dorment dans une partie éloignée de la maison, sont peu nombreux et ont souvent trop bu. Je possède des clés qui ouvrent toutes les portes de Paris et depuis trois mois, nous passons régulièrement la demeure du ministre au peigne fin mais sans résultat. Il faut reconnaître qu'il est plus rusé que moi car je vous assure que mes hommes n'ont négligé aucun recoin.

— Le ministre ne cache peut-être pas la lettre chez lui, dis-je.

— Je ne crois pas, dit Dupin, car vu la situation actuelle à la cour, il doit pouvoir la montrer - ou la détruire - très rapidement.

— Si la lettre ne se trouve pas dans la demeure du ministre, il la porte peut-être sur lui ! déclarai-je.

— C'est impossible ! Des hommes à moi, déguisés en voleurs, l'ont attaqué et fouillé deux fois, sans résultat.

— Le ministre n'est pas un imbécile, ajouta Dupin, et il a sûrement prévu des contrôles de ce genre !

— Ce n'est peut-être pas un imbécile mais c'est un poète, ce qui est presque la même chose, décréta le préfet.

— Monsieur le Préfet, donnez-nous donc les détails de vos perquisitions, lui dis-je.

— Nous avons fouillé partout. Inutile de vous dire que j'ai une longue expérience en la matière. Nous avons examiné l'hôtel particulier, pièce par pièce, toutes les nuits, pendant une semaine. Nous avons vérifié chaque meuble, chaque tiroir. Nous avons examiné les chaises et les fauteuils, sondé les coussins avec de longues aiguilles [1], soulevé le dessus des tables...

— Le dessus des tables ?

— Bien sûr ! Parfois, les gens retirent le dessus d'une table, introduisent un papier roulé du diamètre d'une aiguille à tricoter [2] dans le pied du meuble, puis ils replacent le dessus. C'est la même chose pour les montants des lits.

— Mais vous n'avez quand même pas démonté tous les

1. **Une aiguille :**

2. **Des aiguilles à tricoter :**

La lettre volée

meubles où il est possible d'enfiler un document du diamètre d'une aiguille à tricoter ! Un objet de cette forme peut être introduit dans un barreau de chaise par exemple et vous n'avez pas pu démonter toutes les chaises ! m'écriai-je.

— Bien sûr que non, mais nous avons fait beaucoup mieux ! Nous avons examiné les barreaux de toutes les chaises et les jointures [1] des meubles avec un microscope très puissant. S'il y avait eu le moindre trou ou la moindre trace de colle fraîche, cela aurait immédiatement attiré notre attention.

— Vous avez aussi contrôlé les miroirs, les lits, les rideaux et les tapis, n'est-ce pas ? demandai-je au préfet.

— En effet. Après les meubles, nous avons inspecté la maison, répondit le préfet. Pour ne rien oublier, nous avons divisé le sol en petites parties numérotées et nous avons utilisé le microscope.

— Vous vous êtes donné beaucoup de mal !

— Oui, mais la récompense en vaut la peine !

— Vous avez examiné le sol autour de la maison, je suppose ?

— Oui, le sol est entièrement fait en briques et la mousse [2] qui se trouve entre les briques est intacte.

— Avez-vous pensé aux papiers et aux livres du ministre ? demandai-je encore au préfet.

— Mais certainement ! Nous avons non seulement contrôlé chaque livre, page par page, mais nous avons aussi mesuré l'épaisseur de chaque couverture à l'aide du microscope.

— Vous avez contrôlé la tapisserie [3] ?

---

1. **Une jointure** : endroit où deux surfaces sont en contact.
2. **La mousse** : ici, plante verte et rase qui pousse entre les pierres.
3. **Une tapisserie** : tissu ou papier collé sur les murs.

La recherche de la lettre

— Oui.

— Et les caves ?

— Aussi.

— Alors, il faut en conclure que la lettre n'est pas chez le ministre, déclarai-je.

— Hélas, vous avez sûrement raison. Dupin, que me conseillez-vous de faire ? demanda le préfet.

— De procéder à une nouvelle perquisition !

— Mais c'est inutile ! La lettre n'est pas chez le ministre, j'en suis certain. Je connais mon métier !

— Je n'ai pas d'autre conseil à vous donner, monsieur le préfet. Vous avez certainement une description détaillée de la lettre ?

Pour toute réponse, le préfet sortit un carnet de sa poche et lut une description minutieuse de l'aspect intérieur et surtout extérieur du document, puis il nous quitta, beaucoup plus triste qu'à son arrivée.

Compréhension écrite

DELF ① Lisez attentivement le chapitre, dites si les affirmations suivantes sont vraies (V) ou fausses (F), puis corrigez celles qui sont fausses.

		V	F

1 L'opinion de Dupin est très importante pour le préfet de police. ☐ ☐

....

2 Il s'agit d'une affaire banale mais très compliquée. ☐ ☐

....

3 Cette affaire concerne des gens très importants. ☐ ☐

....

4 Personne ne connaît le nom du coupable. ☐ ☐

....

5 Le voleur a remplacé la lettre compromettante par une autre lettre. ☐ ☐

....

6 Le préfet et ses hommes ont perquisitionné la demeure du ministre. ☐ ☐

....

DELF ② Répondez aux questions.

1 Pourquoi le ministre a-t-il volé la lette ?

....

2 Pourquoi le préfet a-t-il pu facilement perquisitionner la demeure du ministre ?

....

3 Pourquoi le préfet est-il certain que le voleur ne porte pas la lettre sur lui ?

....

4 Quel est le résultat des recherches du préfet ?

....

DELF **3** **Relisez le chapitre, puis complétez le texte à l'aide des mots proposés.**

Quand le visiteur arrive, les deux amis sont dans (**1**) ....
Le (**2**) .... vient leur raconter une histoire (**3**) ....
qui a eu lieu dans l'entourage (**4**) ....
Monsieur G. décrit dans les détails une (**5**) .... qu'il a
organisée au (**6**) .... d'un ministre. En effet, il a promis à
(**7**) .... de (**8**) .... une lettre compromettante.

1	**a**	le salon	**b**	la bibliothèque	**c**	le fumoir
2	**a**	agent de police	**b**	préfet de police	**c**	ministre
3	**a**	de vol	**b**	de meurtre	**c**	d'enlèvement
4	**a**	royal	**b**	impérial	**c**	présidentiel
5	**a**	exécution	**b**	perquisition	**c**	substitution
6	**a**	domicile	**b**	bureau	**c**	club
7	**a**	une grande dame	**b**	un haut personnage	**c**	un politicien
8	**a**	retrouver	**b**	lire	**c**	détruire

Enrichissez votre **vocabulaire**

1 **Trouvez le sens des mots soulignés.**

1 Le ministre habite dans un hôtel particulier.

a ☐ Un hôtel bizarre.

b ☐ Une riche demeure.

2 Fort heureusement, le ministre passe souvent la nuit dehors.

a ☐ Par chance.

b ☐ Hélas.

3 Le préfet a passé la demeure du ministre au peigne fin.

a ☐ Examiner rapidement.

b ☐ Examiner minutieusement.

4 Les policiers <u>ont fouillé</u> le ministre.

   a ☐ Examiner soigneusement les poches et les vêtements de quelqu'un.

   b ☐ Arrêter quelqu'un.

5 Les policiers <u>sont déguisés</u> en voleurs.

   a ☐ Arrêter quelqu'un.

   b ☐ Être habillé comme quelqu'un.

6 Le préfet <u>se donne beaucoup de mal</u> pour retrouver la lettre.

   a ☐ Se faire mal.

   b ☐ Faire beaucoup d'efforts.

2 **Associez chaque objet à l'élément qui le compose.**

1 ☐ Un montant		**a**	Un meuble
2 ☐ Un barreau		**b**	Un lit
3 ☐ Un tiroir		**c**	Une chaise
4 ☐ Un dessus		**d**	Une table

3 **De nombreuses expressions utilisent des noms d'animaux. Reconstituez chaque expression, puis associez-la à sa signification.**

Exemple : *Avoir des yeux de lynx, c'est avoir une vue perçante.*

Avoir :

1 ☐ une faim		**a**	de moineau
2 ☐ un caractère		**b**	de vipère
3 ☐ une langue		**c**	de cochon
4 ☐ la chair		**d**	de lapin
5 ☐ une mémoire		**e**	de poule
6 ☐ un appétit		**f**	de taureau
7 ☐ un cou		**g**	d'éléphant
8 ☐ des dents		**h**	de loup

C'est :

A ☐ avoir le cou épais et court.

B ☐ se souvenir de tout.

C ☐ manger très peu.

D ☐ avoir les deux dents de devant très développées.

E ☐ avoir très mauvais caractère.

F ☐ avoir froid ou avoir peur.

G ☐ avoir très faim.

H ☐ tenir des propos méchants.

4 Complétez la grille à l'aide des définitions.

Les animaux

1 Il est rusé comme un… .

2 Il écrit comme un… .

3 Il est laid comme un… .

4 Il est têtu comme une… .

5 Il est malin comme un… .

9 Il est fort comme un… .

10 Il est fier comme un… .

12 Il est doux comme un… .

16 Il est gai comme un… .

Les adjectifs

6 Pas courageux.

7 Joyeuse.

8 Pas violent ni autoritaire.

11 Ingénieux.

13 Robuste.

14 Aimes les gâteaux et les bonbons.

15 Obstinée.

17 Ingénieux.

18 Le contraire de *muet*.

Grammaire

L'imparfait

L'imparfait est un temps du passé. On l'utilise pour décrire une situation, un paysage, parler de ses habitudes, indiquer une durée indéfinie.

Pour former l'imparfait, on ajoute au radical de la deuxième personne du pluriel du présent de l'indicatif les désinences **-ais, -ais, -ait, -ions, -iez, -aient**.

*vous **sort**-ez* → *vous sort-**iez***   *vous **demand**-ez* → *vous demand-**iez***

Attention !

On utilisera **le passé composé** ou **le passé simple** (uniquement à l'écrit) pour indiquer des actions brèves, ponctuelles ou définies dans le temps.

*Nous **étions** dans la bibliothèque lorsque **soudain** le préfet **entra**.*

1 Conjuguez les verbes entre parenthèses au temps qui convient.

1 Dupin (*fumer*) .... la pipe, pendant que je (*lire*) .... un livre.

2 La dame (*laisser*) .... la lettre sur la table, car elle ne (*pouvoir*) .... la cacher.

3 La police (*fouiller*) .... la maison, lorsque les domestiques (*se réveiller*) ....

4 Pendant l'automne de cette année-là, je (*habiter*) .... chez mon ami Dupin.

5 La dame (*voir*) .... le ministre s'emparer de la lettre.

6 Je (*ne pas avoir*) .... de véritables amis quand je (*rencontrer*) .... Dupin.

Production écrite et orale

DELF **1** La lettre volée est très compromettante et donne un immense pouvoir à celui qui la possède. Imaginez son contenu.

CHAPITRE 2 Les techniques de Dupin

Un mois plus tard, le préfet nous rendit de nouveau visite. Comme la fois précédente, il nous trouva en train de fumer et de bavarder. Il s'assit et se mit à parler de tout et de rien.

Au bout d'un moment, je lui demandai :

— Eh bien, et la lettre volée ? Avez-vous résolu l'affaire ?

Le préfet devint pâle.

— J'ai recommencé la perquisition de l'hôtel du ministre, comme me l'a conseillé Dupin. Sans résultat.

— De combien est la récompense ? demanda Dupin.

— Il s'agit d'une énorme récompense, une somme vraiment impressionnante, mais je ne préfère pas vous dire combien exactement. Je vais quand même vous dire une chose : je suis disposé à offrir cinquante mille francs à la personne qui me trouvera cette lettre. Ce document devient tous les jours plus précieux et la récompense a été doublée dernièrement. Mais même si la somme était triplée, je ne pourrais pas faire plus que ce que j'ai fait jusqu'à présent !

— En êtes-vous sûr ? demanda Dupin. Je pense au contraire que vous pourriez faire un petit peu plus !

— Et comment ?

La lettre volée

— En demandant conseil à quelqu'un, par exemple.

— Mais je suis disposé à demander conseil et à y mettre le prix ! Je paierai réellement cinquante mille francs de ma poche à la personne capable de m'aider !

— Dans ce cas, dit Dupin, faites-moi un bon de cinquante mille francs ! Je vous remettrai ensuite la lettre.

J'étais stupéfait. Le préfet, lui, avait la bouche ouverte et les yeux hors de la tête. Il signa le bon de cinquante mille francs et le tendit à Dupin qui l'examina rapidement et le mit dans son portefeuille. Il ouvrit un tiroir, prit la lettre et la tendit au préfet. Le préfet examina le contenu du document. Il était fou de joie ! Il sortit de la pièce en courant.

— La police parisienne, m'expliqua Dupin, est rusée, ingénieuse et persévérante. Elle sait faire son travail, et quand monsieur G. nous a raconté sa manière de perquisitionner, je savais qu'il s'agissait d'une excellente perquisition... mais dans les limites de sa spécialité !

— Dans les limites de sa spécialité ? répétai-je.

— Oui, car si la lettre s'était trouvée dans le champ de leur investigation, elle ne lui aurait certainement pas échappé. Les mesures adoptées étaient bonnes mais elles ne pouvaient pas s'appliquer au cas en question ni à notre voleur.

Beaucoup d'écoliers raisonnent mieux que le préfet. J'en ai connu un qui était très fort au jeu du « pair ou impair ». Rappelez-vous : chaque joueur tient des billes [1] dans sa main et demande à un autre joueur s'il s'agit d'un nombre pair ou impair. L'écolier dont je parle gagnait toutes les billes de l'école ! Sa

---

1. **Une bille** : petite sphère généralement en verre.

tactique consistait à mesurer l'intelligence de chaque adversaire. S'il avait en face de lui un adversaire qu'il jugeait peu intelligent, notre écolier concluait que la tactique de l'adversaire serait de changer, la fois suivante, le nombre pair en impair ou vice versa. Un joueur plus intelligent, au contraire, ne changeait rien. Ce que ses camarades considéraient comme de la chance était simplement dû à la faculté de l'écolier de se mettre à la place de ses adversaires et de prévoir ainsi leurs mouvements. Voilà l'erreur du préfet et de ses hommes : d'une part, ils ne sont pas capables de se voir tels que les voit et les juge le ministre, et d'autre part, ils sous-estiment l'intelligence de cet individu. Quand le préfet et ses hommes cherchent un objet, ils pensent simplement de quelle façon eux-mêmes l'auraient caché. Leur perspicacité est à la mesure de celle de la plupart des gens. Ils emploient toujours les mêmes méthodes en les intensifiant lorsque c'est nécessaire. Le préfet part de l'idée que tout le monde cache un objet dans un endroit d'accès forcément difficile. Le succès de leur recherche ne dépend pas de leur intelligence mais de leur patience. Si le préfet n'avait pas considéré le ministre comme un idiot pour la simple raison que c'est aussi un poète, il n'aurait pas été trompé. Si tous les sots sont des poètes, il n'est pas dit que tous les poètes soient forcément des sots !

— Mais en réalité c'est son frère qui est poète, déclarai-je, lui est mathématicien.

— Il est les deux, répondit Dupin. D'ailleurs, si le ministre n'avait été qu'un mathématicien, le préfet aurait découvert la lettre tout de suite.

— Vous m'étonnez ! Depuis des siècles, l'esprit mathématique

La lettre volée

est considéré comme l'esprit de la raison !

— C'est ce qu'ont voulu nous faire croire les mathématiciens !

— Expliquez-vous mieux !

— Les mathématiciens ont fait de leurs vérités spécifiques des vérités générales. Je ne croirai jamais un mathématicien, exception faite pour ce qu'il sait des racines carrées [1] !

Je me mis à rire et Dupin poursuivit.

— Je connaissais le ministre comme mathématicien et comme poète, c'est pourquoi j'ai adapté ma façon de voir les choses à la sienne, en tenant compte aussi des circonstances dans lesquelles il se trouvait.

— Continuez ! m'écriais-je, très intéressé par la démonstration de mon ami.

— Rappelez-vous ! Cet homme est un fin politicien. Il connaît donc parfaitement les méthodes de la police. Il sait qu'il va être fouillé et que sa demeure va être perquisition. C'est pour cette raison qu'il s'absente si souvent ! Il veut laisser le préfet faire ses recherches en toute tranquillité car il souhaite que la police se persuade que la lettre n'est pas chez lui !
Il choisit une cachette qui ne ressemble absolument pas à toutes les cachettes traditionnelles que connaît la police et le tour est joué ! Vous souvenez-vous du rire du préfet quand je lui ai dit que le mystère de cette affaire était peut-être trop clair, trop évident ?

Il existe un jeu qui consiste à faire deviner un nom géographique sur une carte : un fleuve, une ville, un pays... Un débutant a tendance à choisir, pour désorienter ses adversaires, un nom écrit en petits caractères, qui se perd au milieu des

---

1. **Une racine carrée :** $\sqrt{}$.

couleurs de la carte. Celui qui joue depuis longtemps, préfère, au contraire, les mots écrits en gros caractères, bien visibles. Les gros caractères sont tellement évidents qu'on ne les voit pas !

Voilà ce que n'a pas compris le préfet. Il n'a jamais pensé que le ministre avait placé la lettre à la vue de tous... pour mieux la dissimuler ! En fait, il ne l'avait pas cachée du tout !

Compréhension écrite

DELF ❶ Lisez attentivement le chapitre, puis cochez la bonne réponse.

1 Le préfet est revenu chez Dupin
- a ☐ quelques jours plus tard.
- b ☐ un mois plus tard.
- c ☐ une semaine après.

2 La récompense a été
- a ☐ diminuée.
- b ☐ triplée.
- c ☐ doublée.

3 Le préfet donne à Dupin
- a ☐ un papier signé.
- b ☐ une bourse.
- c ☐ un bon.

4 Dupin prend la lettre volée dans
- a ☐ un tiroir.
- b ☐ sa poche.
- c ☐ son portefeuille.

5 Pour expliquer sa technique, Dupin prend l'exemple du jeu
- a ☐ de « pair ou impair ».
- b ☐ de dames.
- c ☐ d'échecs.

6 D'après Dupin, le préfet et ses hommes ont cherché la lettre
- a ☐ de façon trop précise.
- b ☐ de façon trop rapide.
- c ☐ sans se mettre à la place du voleur.

DELF **2** **Relisez le chapitre, puis répondez aux questions.**

1 Après sa première visite, le préfet a-t-il suivi les conseils de Dupin ?

....

2 Quels ont été les résultats ?

....

3 Pourquoi le préfet tient-il absolument à résoudre cette affaire ?

....

4 Pour Dupin, la police fait-elle bien son travail ?

....

5 Que veut démontrer Dupin avec le jeu du « pair ou impair » ?

....

6 Pourquoi le ministre s'absente-t-il si souvent ?

....

Grammaire

Les homophones

Les homophones sont des mots qui se prononcent de la même façon mais qui ont une orthographe et un sens différents.

Un **mois** *plus tard, le préfet retourna voir Dupin.*
D'après **moi***, Dupin avait raison.*

1 **Complétez les phrases avec l'homophone qui convient. N'oubliez pas de faire l'accord lorsque c'est nécessaire.**

1 *fin*, *faim*.

La .... empêchait le préfet de se concentrer sur son travail.

Le ministre est un .... politicien, il connaît bien les méthodes de la police.

2 *pair, paire, père.*

Le .... de Dupin était très riche.

Il a appris le jeu du « .... ou impair » à son fils.

Avec l'argent de la récompense, il pourra offrir une .... de boucles d'oreilles en or à sa femme.

3 *sot, seau, saut, sceau.*

Le roi a apposé son .... sur la lettre.

Le préfet pense que tous les poètes sont des ....
Lorsqu'il a vu la lettre, le préfet a fait des .... de joie.

Ils ont trouvé un .... rempli de pièces de monnaie.

4 *champ, chant.*

Le .... des connaissances de Dupin est très vaste.

Avant de faire de la politique, il était professeur de ....

5 *différent, différend.*

Dupin et le préfet ont des avis .... sur l'endroit où se trouve la lettre.

Entre le ministre et sa victime, il y a eu un ....

6 *entrain, en train.*

Lorsque le préfet entra, nous étions .... de fumer et de bavarder.

Dupin travaille avec beaucoup d' ....

7 *part, par*

Nous n'avons trouvé la lettre nulle ....

J'étais très intéressé .... la démonstration de mon ami.

8 *sait, c'est.*

Il .... qui est le coupable.

.... une personne très haut placée.

Enrichissez votre **vocabulaire**

1 Cochez l'intrus parmi les groupes de mots proposés.

		a		b		c	
1	a ☐ Un tapis	b ☐ Un rideau	c ☐ Une bougie
2	a ☐ Une table	b ☐ Un bureau	c ☐ Un fauteuil
3	a ☐ Un lit	b ☐ Une armoire	c ☐ Un divan
4	a ☐ Un tableau	b ☐ Une glace	c ☐ Un coussin

2 Retrouvez les adjectifs qui qualifient les mots soulignés en remettant les lettres dans l'ordre.

1 La récompense est énorme, il s'agit d'une <u>somme</u> (tmnpioaert) ....

2 Dupin pense que la <u>police parisienne</u> est (érsue) .... et (cpraecepsi) ....

3 L'esprit (uamtéhaqetim) .... est considéré comme l'esprit de la raison.

4 Cette <u>affaire</u> était trop (ivéeednt) .... pour le préfet.

5 Dupin a fait une <u>démonstration</u> très (ntéinrsestea) ....

6 Le préfet avait la <u>bouche</u> (voturee) .... et les yeux hors de la tête.

Production écrite et orale

DELF **1** D'après vous, où Dupin a-t-il trouvé la lettre ?

DELF **2** Que pensez-vous des techniques utilisées par Dupin ?

CHAPITRE 3 La solution

Avec toutes ces idées en tête, je décidai donc d'aller rendre visite au ministre. Nous nous étions rencontrés à Vienne, il y a quelques années. Il m'avait joué un mauvais tour [1] et je lui avais dit que je m'en souviendrais !

Je portais des lunettes aux verres sombres pour ne pas que le ministre voie mes yeux.

Je pouvais ainsi inspecter minutieusement la pièce pendant que nous discutions. J'examinai tout d'abord un grand bureau sur lequel se trouvaient des lettres, des documents et deux livres. Aucune trace de la précieuse lettre.

Tandis que mon regard faisait le tour de la pièce, je notai un misérable porte-cartes suspendu au-dessus de la cheminée. Il y avait, dans les différents compartiments, quelques cartes de visites et une lettre. Cette lettre était sale, froissée [2], et en partie déchirée... comme si quelqu'un avait voulu la détruire puis avait changé d'avis.

1. **Un mauvais tour** : action contre quelqu'un.
2. **Froissé** : qui n'est pas lisse.

Elle semblait être là depuis longtemps, oubliée, comme un objet sans valeur.

J'étais sûr que c'était la lettre que je cherchais ! Pourtant, elle ne ressemblait pas du tout à la lettre que le préfet avait décrite. En effet, le sceau de la lettre volée était petit, rouge, avec les armoiries[1] ducales de la famille S., alors que celui-ci était grand, noir et avait un « D » gravé au centre. Cette lettre était adressée au ministre D., et l'écriture fine devait être celle d'une femme, alors que l'écriture sur la lettre volée était, selon le préfet, ronde et décidée, et l'adresse était celle d'une personne de la cour.

Toutes ces différences étaient trop évidentes pour être vraies. L'état de la lettre, qui contredisait les habitudes méthodiques du ministre, le fait qu'elle était trop exposée aux yeux des visiteurs, comme le mot à deviner sur la carte géographique, et ses contours, qui montraient qu'elle avait été dépliée, repliée à l'envers, puis remise dans une enveloppe ! Tout cela prouvait clairement que j'avais raison : cette lettre était bien la lettre volée.

— Qu'avez-vous fait, alors ?

— J'ai quitté le ministre en laissant cependant sur son bureau, ma tabatière[2] en or. Le lendemain, je suis retourné chez lui pour la reprendre.

Alors que nous étions dans la pièce où se trouvait la lettre, une forte détonation éclata dans la rue et on entendit des cris. Pendant que le ministre ouvrait la fenêtre pour voir ce qui se passait, je mettais rapidement la précieuse lettre dans ma poche

---

1. **Les armoiries** : emblèmes d'une famille noble ou d'une ville.
2. **Une tabatière** : boîte où l'on met le tabac.

La lettre volée

et plaçais dans le porte-cartes, une lettre semblable. Bien évidemment, la détonation était une simple mise en scène pour détourner son attention. J'avais tout prévu !

— Mais pourquoi ne pas avoir pris la lettre le premier jour ?

— Le ministre est un homme très fort et très dangereux. Ses domestiques sont prêts à mourir pour lui et je ne serais pas sorti

vivant de son hôtel. Aujourd'hui, au contraire, je savoure le plaisir de savoir que la dame qu'il faisait chanter est libre, qu'il se sentira humilié quand il ouvrira la lettre et furieux quand il lira, au beau milieu de la page, en reconnaissant mon écriture :

« Rira bien qui rira le dernier ! »

Compréhension écrite

1 Lisez attentivement le chapitre, puis relevez les différences entre les deux lettres.

	Lettre volée par le ministre	Lettre trouvée chez le ministre
Sceau		
Papier		
Adresse		
Écriture		

2 Relevez, dans l'ordre chronologique, les différentes ruses utilisées par Auguste Dupin, puis dites quel est le but de chacune.

1ère ruse : ....

      pour ....

2e ruse : ....

      pour ....

3e ruse : ....

      pour ....

4e ruse : ....

      pour ....

Grammaire

Les pronoms relatifs *qui, que, dont, où*

Les pronoms relatifs permettent de relier plusieurs phrases en évitant de répéter un sujet ou un complément déjà mentionnés.

- **Qui**

  Le pronom relatif **qui** reprend **le sujet** du verbe de la seconde phrase. Il se rapporte à des personnes ou à des choses. Il ne s'élide jamais.

  *Dupin prend la lettre **qui** se trouve chez le ministre.*

- **Que**

  Le pronom relatif **que** reprend le **complément d'objet direct** du verbe de la seconde phrase. Il se rapporte à des personnes ou à des choses. Il s'élide devant une voyelle ou un **h** muet.

  *C'était bien la lettre **que** je cherchais.*
  *C'était bien la lettre **qu'**il avait volée.*

- **Dont**

  Le pronom relatif **dont** reprend le **complément d'objet** d'un verbe construit avec **de**.

  *Le responsable est le ministre. Je vous ai parlé **de** ce ministre.*
  *Le responsable est le ministre **dont** je vous ai parlé.*

- **Où**

  Le pronom relatif **où** reprend un **complément de lieu** ou **de temps**.

  *Nous étions dans la pièce **où** se trouvait la lettre.*
  *Cela s'est passé l'année **où** j'ai rencontré le ministre.*

1 Complétez les phrases avec le pronom relatif qui convient.

1 Le préfet tend le bon à Dupin .... l'examine attentivement.

2 L'écolier .... je parle gagnait toutes les billes de ses camarades.

3 Dupin connaît l'endroit .... se trouve la lettre.

4 La mousse .... se trouve entre les briques de la maison est intacte.

5 Il a choisi une cachette .... ne ressemble pas aux cachettes traditionnelles .... connaît la police.

6 Elle est différente de la lettre .... le préfet a décrite.

Enrichissez votre **vocabulaire**

1 Parmi les adjectifs proposés, quels sont ceux qui s'appliquent à Dupin ? Justifiez vos choix avec des exemples pris dans le texte.

> vindicatif   ingénieux   courageux   insolent   cynique
> spirituel   désinvolte   maladroit   curieux   impulsif
> émotif   réfléchi   incompétent   organisé

2 Complétez le texte à l'aide des mots proposés.

> madame   laquelle   devoir   possession
> dévoué   faire   serviteur   révéler   lettre

Madame, j'ai en ma **(1)** .... une **(2)** .... à **(3)** ...., je suis sûr, vous tenez beaucoup. Je serais désolé, croyez bien **(4)** ...., de devoir **(5)** ...., à qui vous savez, l'existence de ce document mais mon **(6)** .... de fidèle **(7)** .... de l'État m'obligera à le **(8)** .... si vous n'acceptez pas quelques compromis insignifiants pour vous mais qui arrangeront mes affaires.

Votre **(9)** ....

D.

Production écrite et orale

DELF **1** Imaginez la réaction du ministre lorsqu'il découvre la lettre de Dupin.

Double assassinat dans la Rue Morgue

1 Remettez les dessins dans l'ordre en suivant la chronologie de l'histoire.

A

B

C

D

E

F

2 Devinez quel(s) personnage(s) se cache(nt) derrière chaque affirmation.

1 Il a assisté au meurtre de madame L'Espanaye et de sa fille Camille.

....

2 Ils aiment lire, bavarder et se promener la nuit.

....

3 Il pense que la vérité se trouve à la surface des choses.

....

4 Elle a été étranglée, puis mise dans le conduit de la cheminée.

....

5 Les poils retrouvés dans la main de madame L'Espanaye lui appartiennent.

....

6 Elles vivaient seules et n'avaient pas d'amis.

....

7 Il pense que l'assassin est un malade mental.

....

8 Elle a été égorgée, puis jetée du quatrième étage.

....

9 Il a résolu l'affaire du double assassinat.

....

10 Il a une taille gigantesque, une force prodigieuse et des mains immenses.

....

3 Vous êtes journaliste dans un grand journal parisien. Écrivez un article sur l'affaire de la rue Morgue.

La lettre volée

1 **Remettez les phrases dans l'ordre chronologique de l'histoire.**

a ☐ Un mois plus tard, le préfet revient voir Dupin. Il a suivi son conseil mais il n'a toujours pas retrouvé la lettre. Il veut absolument résoudre cette affaire car celui qui rendra la lettre à sa propriétaire recevra une énorme somme d'argent.

b ☐ Le voleur est un ministre. Il a substitué la lettre compromettante et l'a remplacée par une lettre ordinaire. Les informations qu'elle contient lui donnent un pouvoir immense.

c ☐ La police a perquisitionné la demeure du ministre. Toutes les pièces et tous les objets ont été inspectés scrupuleusement pendant trois mois mais il n'y a aucune trace de la lettre.

d ☐ Dupin a retrouvé la lettre et la remet au préfet en échange de cinquante mille francs.

e ☐ Dupin demande au préfet de lui décrire la lettre dans les détails et lui conseille de faire une autre perquisition. Désespéré, le préfet s'en va.

f ☐ Dupin se rend chez le ministre pour vérifier si ses suppositions sont exactes et récupérer, il l'espère, la lettre. Arrivé chez le ministre, il aperçoit la lettre sur la cheminée, exposée à la vue de tous. L'écriture, l'adresse et le sceau sont différents, mais il n'a aucun doute, c'est bien elle !

g ☐ Dupin pense avoir retrouvé la lettre. En se mettant à la place du voleur, il est presque sûr de savoir où elle se trouve.

h ☐ Dupin parvient à récupérer la lettre en détournant l'attention du ministre et à l'échanger contre une autre. Dupin a résolu l'affaire et s'est vengé, par la même occasion, du ministre.

i ☐ Alors qu'ils sont en train de bavarder et de fumer, Dupin et le narrateur reçoivent la visite du préfet. Celui-ci a été chargé par une dame de la cour de retrouver une lettre qu'on lui a volée. Incapable de résoudre l'affaire, le préfet demande à Dupin de l'aider.

2 Complétez la grille à l'aide des définitions.

Horizontalement

1   Objet qui ouvre toutes les portes.

6   Bruit violent qui rappelle une explosion.

10 On écrit celle du destinataire sur l'enveloppe.

11 On fume celui de la pipe ou des cigarettes.

12 Endroit où l'on fait du feu.

Verticalement

2   Dupin l'aperçoit au-dessus de la cheminée du ministre.

3   Somme d'argent offerte en échange d'un service.

4   Pièce où sont rangés les livres.

5   Profession du ministre.

6   Raisonnement logique.

7   Partie d'un meuble qui s'ouvre et qui se ferme.

8   Signe gravé dans une matière molle, comme la cire par exemple.

9   Document volé à la dame.

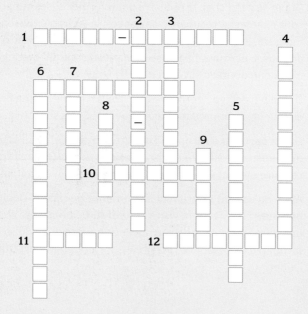